희망과 결실이 가득한

당신의 30대를 응원하며

님께

인생의 격차는 30대에 만들어진다

30DAI WO KOUKAI SHINAI 50 NO LIST-1MANNIN NO SHIPPAIDAN KARA WAKATTA JINSEI NO HOUSOKU
by Hisashi Otsuka
Copyright ⓒ 2011 Hisashi Otsuka
Korean translation copyright ⓒ 2012 by Health Chosun Co., Ltd.
All rights reserved.
Original Japanese language edition published by Diamond, Inc.
Korean translation rights arranged with Diamond, Inc.
through EntersKorea Co., Ltd

인생의 격차는 30대에 만들어진다

오쓰카 히사시 지음 | 박재현 옮김

북클라우드

서른의 결심이
인생을 좌우한다

누구나 서른이 되면 인생의 분기점에 서게 된다

인생을 10년 단위로 생각해보면, 20대는 파종기, 30대는 육성기, 40대는 수확기가 될 것이다. 40대에 수확한 것으로 50대를 보내고, 60대에 행복한 은퇴를 맞이하는 것이 직장인이 살아가는 과정이다.

30대는 20대에 뿌린 씨앗을 육성하는 시기로, '육성한다'는 것은 간단히 말해 '성과를 창출한다'는 의미다. 20대에 쌓아올린 재능과 지식을 최대한 활용하여 30대라는 10년의 세월 동안 어떻게든 최고의 성과를 올리고, 40대 수확기를 맞이해야 한다.

행복의 기준은 사람마다 제각기 다르다. 하지만 일이든 사생활이든 인생을 풍요롭게 보내기 위해서는 누구나 성과를 내놓아야 한다. 온 힘을 다하여 무언가를 이룬 이후에 비로소 행복이 찾아오기 때문이다.

30대 육성기에 성과를 창출했는지에 따라 그 이후의 인생이 크게 달라진다. 누구나 서른이 되면 인생의 성패를 좌우하는 분기점에 서게 되고 그로부터 10년 동안 인생의 기틀을 잡아야만 한다.

대부분의 사람들은 30대에 결혼하고, 출산·육아를 경험한다. 그러는 와중에 승진하거나 회사를 옮기거나 혹은 회사를 설립하는 등 공적으로든 사적으로든 큰 결단이 요구되는 중대한 사건들이 줄줄이 이어진다.

서른이 되기 전까지는 주위 사람들이 도움을 주기도 하고, 성과가 아닌 도전한다는 시선으로 따스하게 지켜봐준다. 하지만 서른이 되면 자신의 능력으로 그것들을 이뤄내야만 한다. 거짓말도, 눈속임도 일절 허용되지 않는다. 따라서 30대에 성과를 만들어내기 위해서는 자신의 진정한 힘을 키워야 한다.

만일 30대를 눈속임으로 이래저래 극복한다면 그 세월이 인생의 토대가 되는 것이기 때문에 그 이후에는 더 힘겹게 눈속임으로 살아가야 한다. 진정한 힘을 키웠는가, 그렇지 않은가에 따라서 이후의 인생을 살아가는 방식이 완전히 달라진다.

스스로의 힘으로 만드는 인생의 토대

서른이 되면 지금까지 조연으로 지내오던 생활이 느닷없이 변해 직장에서든 가정에서든 '주인공'이 될 것을 요구해온다. 논어에서 말하는 '서른에 뜻을 세운다'는 문구가 그런 상황을 대변하고 있다.

예를 들어 지금까지는 시스템 개발의 프로젝트에서 일개 팀원으로 누군가의 관리 아래 그저 자신에게 할당된 업무만 하면 되었지만, 서른이 되면 어떤 그룹에서 리더 역할을 맡아야 할 경우가 생긴다. 또 지금까지는 논의 내용이나 기한을 상사가 지시하는 대로 잠자코 따르기만 해도 괜찮았지만 30대에 접어들면 무엇에 대하여 논의할 것인지 자신이 제시하고, 주위 사람들을 움직여 팀이나 회사를 위한 성과를 내놓아야 한다.

서른이 되면 자신이 주인공으로서 무대에 올라야 한다. 서른 전까지는 일일이 상사에게 묻고 대답을 구한 뒤에 그것을 고객이나 사원에게 전달하는 단순한 역할만 하면 됐다. 그래서 상사의 허락만 있다면 책임을 추궁당하는 일도 없었다. 하지만 삼십 줄에 들어서면 자신의 머리로 생각하고, 행동하고, 더욱이 그 결과가 안 좋은 경우에는 그 원인을 규명하고, 시행착오를 통해 성공에 이를 수 있도록 실행해야 한다.

30대는 어디까지나 자기 책임 아래서 전진해야 하는 나이다. 아무리 기다려도 그 누구도 도움의 손길을 내밀어주지 않는다. 그것을 깨닫지 못한 채 30대를 보낸 사람은 자신의 능력을 키우지 못해 이후에도 끊임없이 어려움을 겪고 인생의 토대도 마련하지 못한다.

한편 결혼과 출산을 겪으며 개인 생활에서도 조연에서 주인공이 된다. 결국 누군가의 가족구성원이던 입장에서 '내 가족'을 갖는 주체자로서의 생활이 시작된다. 지금까지는 조연으로 충분히 지낼 수 있었지만 30대에는 자신이 꿈꾸던 가정을 스스로의 힘으로 일궈나가지 않으면 안 된다.

나는 30대 초반에 결혼했지만 아이가 태어났을 때에 비로소 '주인공 의식'을 갖게 되었다. 산후조리원에서 가냘프게 우는 큰아들을 처음 보았을 때 지금까지 한 번도 느껴본 적 없는 뜨거운 감정이 왈칵 치밀어 올랐다. 자녀뿐 아니라 인생의 반려자를 만나 지켜야 할 사람이 생겼을 때, 사람은 놀라우리만치 강한 '주인공 의식'을 갖게 된다. 결혼이나 출산은 어디까지나 개인의 자유이지만, 가정이나 가족을 가짐으로써 그러한 주인공 의식을 갖게 되는 것은 분명한 사실이다.

가정을 갖는다는 것은 결코 부담이 아니라 자신의 실력을 키우는 큰 기회가 된다. 주인공 의식을 가짐으로써 사람은 성장하고 인생의 토대를 만드는 첫걸음을 내딛게 된다.

이상과 현실의 간극으로 고민하는 30대

인생에서 처음으로 일대 변혁이 찾아오는 격변기인 30대. 좋든 싫든 지금까지 살아온 성공 패턴과 경험치에도 역동적인 변화가 찾아온다. 순풍에 돛 단 듯 순조롭게 10대와 20대를 보낸 사람이 처음으로 자신의 한계를 뼈저리게 깨닫게 되는 사태를 직면하고, 지금껏 유능하다고 인정받으며 일해온 사람이 자기보다 못한 동기에 밀려 뜻하지 않게 역전당하는 일대 변화가 30대에는 일어난다.

그와 반대로 10대와 20대에 수없이 좌절하고 늘 실패자라는 사실에 심각하게 고민해온 사람이 돌연 두각을 나타내며, 승승장구하던 동기 위에 군림하는 역전승도 드물지 않게 일어난다. 20대에 동기들 사이에 은연중에 만들어진 서열이 완전히 뒤집혀 새로운 서열이 탄생하는 것이다.

사실 그 같은 대역전극이 펼쳐지는 것은 당연한 일이다. 대부분의 기업은 20대를 수습기간으로 보기 때문에 사원들의 역량에 그다지 차이를 두지 않는다. 그런데 서른이 되면 분명한 실적과 성과를 기대한다.

그 때문에 많은 30대가 이상과 현실의 간극에 고민하고, 자신이 가진 실력의 한계를 통렬하게 느낀다. 수많은 사람들이 지금껏 자신이 '유능하다'고 생각했던 만큼 서른을 맞이한 시점부터 10년간 수많은 장벽과 부딪힌다. 이를 테면, 명석한 두뇌와 높은 학력과 재능을 지닌 사람은 지금까지의 커리어로 승승장구하다가 리더로 발탁되어 팀원을 통솔하게 된 순간 커뮤니케이션 능력이나 인간적인 매력 부족이라는 장벽과 부딪힌다. 한편 효율성을 우선으로 일해오던 사람은 비즈니스 무대에 주인공으로 오른 순간, 새로운 아이디어나 혁신적인 유연한 발상을 가져야 한다는 장벽에 맞닥뜨린다.

씨앗을 뿌리는 시기인 20대를 어떻게 보냈는가에 따라 크게 다르겠지만, 30대에는 그전까지 드러나지 않던 실력의 차이가 확연해진다. 그래서 우수했던 사람이 제 아무리 최선을 다해 노력해도 무슨 까닭인지 전혀 성과를 내놓지 못하는 현실에 부딪히기도 하고, 지금까지 성격 좋은 것 빼고는 이렇다 할 특징이 없어서 얕잡아봤던 동기에게 추월당하는 경우도 생긴다.

20대에는 대부분 실력이 고만고만해서 자신을 과신하게 되는데 서른이 되어 무대 위에 뛰어오른 순간, 실력 차이는 극명하게 나타난다. 왜냐하면 서른 이전의 성과는 자신의 실력에 의한 것이 아니었거나 경쟁이 심한 싸움이 아니었기 때문이다. 카드를 뒤섞듯 한 무대 위에 일제히 올랐을 때에 '진정한 실력'이 보이는 것이다. 30대에는 학력과는 무관한 진정한 능력을 시험받는다. 서른은 출세에 있어 이상과 현실의 간극이 서서히 보이기 시작하는 연령이다.

나는 기업의 연봉을 계획하고 실시하는 일을 하는데, 일본에서 내로라하는 도쿄대나 교토대 출신의 일류 인재가 가장 많기로 1~2위를 다투는 기업들을 담당하고 있다. 또한 과거 '리크루트(일본 최대의 취업정보 제공업체-역주)' 영업자로 일하던 시절, 수많은 대기업과 중소기업에서 벌어지는 출세 다툼을 지켜봤지만, 출세는 결코 성적순이 아니다. 실력의 유무와 전혀 상관없는 경우도 흔하다.

상사와 좋은 인간관계를 구축하지 못해 장래가 닫히는 조직의 벽도 엄연히 존재한다. 지금까지 쉬지 않고 현장에서 일해왔다고 자부하는 사람도 이제껏 경험해보지 못한 현실이나 조직 논리라는 벽에 반드시 부딪힌다. 30대에는 그런 장벽에 맞닥뜨렸을 때 그것을 뛰어넘고 극복하는 힘을 그 어떤 능력보다 우선적으로 키워야만 한다.

단숨에 차이를 낳는 10년

20대에 말단에서 허드렛일을 마치고, 서른에 본격적인 출세 경쟁에 뛰어들게 된다. 출발선에서 어깨를 나란히 하고 일제히 달리기를 시작한다. 자신의 실력으로 성과를 내야 하기에 진정한 실력이 없다면 곧바로 격차가 벌어진다.

기업은 35세 전후로 인재 선별을 시작한다. 자신이 리더로 선발

될 인재인지, 출세라는 레이스의 어느 지점에 있는지가 30대에 판가름난다. 그 결과 기업에 따라서는 비록 동기일지라도 연봉이 두 배나 차이나기도 한다. 그 선별에서 제외된 사람은 비로소 자신의 한계를 알게 된다.

그러나 30대는 어디까지나 토대다. 이 선별에서 제외되었다고 해도 인생 자체가 실패하는 것은 아니다. 얼마든지 회복할 수 있다. 지금까지 수많은 출세 레이스를 지켜본 결과, 선택받지 못한 사람의 반응은 두 가지로 나뉜다. 하나는 생각처럼 되지 않은 현실을 받아들이지 못해 그대로 주저앉는다. 다른 하나는 결코 포기하지 않고 진정한 실력을 키워 현실의 장벽을 뛰어넘는다.

현실과 이상의 간극을 알고 자신의 한계를 깨닫는 가혹한 시기이지만, 그대로 주저앉지 않고 장벽을 뛰어넘는 사람은 공통적으로 현실을 있는 그대로 인정하고 받아들였다. 그들은 더 나아가 머릿속에 그렸던 대로 되지 않은 현실을 어떻게 받아들이고 극복할지에 주력했다. 어떻게 '선택받은 인간'이 될 것인지 생각하기보다는 현실의 장벽을 돌파하기 위해 노력하는 것이 더 중요하다.

그렇게 지혜를 짜내고 시행착오를 겪어야 진정한 실력을 키우고 자신을 성장시킬 수 있다. 이것이 30대를 육성기라 부르는 까닭이다.

이직과 독립의 갈림길에서

옛날부터 '이직 35세 한계설'이 있다. 서른에 접어들어 자기 나름의 성과를 내놓고 실력을 키웠다고 생각하는 사람이 다음으로 생각하는 것은 출세, 이직, 독립이라는 세 가지 선택지다.

'지금 몸담고 있는 회사에서 승진하며 하고 싶은 일을 할까?' '좀 더 보람 있고 수입이 좋은 신천지를 찾아 나설까?' '고용살이를 그만두고 회사를 설립하여 사장으로 일할까?' 이 세 갈림길을 놓고 고민한다.

일반적으로 35세를 넘기면 이직 조건은 매우 까다롭기 때문에 대부분이 35세 이전에 인생을 좌우하는 결단을 놓고 고심한다. 그러나 이직이나 독립을 결심해도 역시 이상과 현실의 간극에 직면하게 된다.

나름대로 성과를 내던 사람일지라도 일단 몸담았던 회사에서 나오면 자신의 실력을 100퍼센트 인정받기 힘들다. 오히려 평가가 낮아지기도 한다. 스스로 '유능하다'고 주장해도 평가는 남이 하는 것이라 남이 인정해주지 않으면 소용없다. 대개 사람은 자신을 과대평가하는 경향이 있기 때문이다.

독립한다고 해도 현실은 더욱 가혹하다. 본래 독립을 결심할 때는 나름의 자신감과 자부심을 가지고 계획이나 승산이 선 이후에 개업의 길을 선택한다. 하지만 개인이 사업을 시작하는 경우, 1년 이내에 약 40퍼센트가 폐업에 몰리는 것이 현실이다.

나도 지금껏 이 수치가 적용되는 현실을 지켜보았다. 영업자로 널리 이름을 날리던 선배는 자기가 설립한 회사가 망하자 야반도주를 했고, 뉴스에 대대적으로 보도되었던 M씨가 사기 사건의 피의자로 체포되어 막다른 곳에 선 것도 30대 후반이었다.

나도 독립한 뒤 이상과 현실의 엄청난 간극을 뼈저리게 깨닫는 체험을 해야만 했다. 32세에 크리스마스트리를 판매하는 사업을 시작했는데, 첫해 주문이 쇄도할 것이라 예상했다. 그래서 5년 전부터 준비해 도쿄돔의 몇 배나 하는 넓은 밭에 전나무와 주목나무, 독일 가문비나무의 묘목을 심은 후 MBA 유학길에 올랐다. 그런데 그동안 경제거품이 꺼져버린 탓에 귀국 후 크리스마스트리를 팔아 1억 엔의 수익을 올리겠다는 사업 계획은 수포로 돌아가고 말았다. 오히려 막대한 손실을 끌어안았다. 이 일로 나는 자신의 한계를 깨달았다. 고객이 존재하지 않는 자기 본위의 발상에서 시작된 안이한 계획이었다.

내가 크리스마스트리 사업을 시작한 것은 리크루트 시절에 만난 동향인 고객이 트리를 매입하는 것을 보았기 때문이다. 게다가 나의 본가는 에도 시대부터 목재상을 운영해 나무를 심을 수 있는 산과

밭이 있었다. 그런 이유로 쉽게 사업을 결정했다. 그때까지 직장생활을 하며 배운 영업적인 능력에도 어느 정도 자신이 있던 터라 얼마든지 획기적인 영업력으로 고객은 개척하면 된다고 대수롭지 않게 생각했다. 부끄럽지만 이런 터무니없는 이유로 시작한 사업이다.

나무를 심어본 적도 꽃나무를 다룬 실무경험도 없는 내가 오로지 크리스마스트리만 취급하여 얻을 수 있는 비즈니스 기회는 1년에 단 한 번뿐이다. 게다가 일본은 미국이나 유럽과 달라서 성가시고 값비싼 크리스마스트리를 선호하는 고객이 적었다. 시장 흐름은 매년 반복하여 사용할 수 있는 인공 트리로 완전히 기울었다.

지금 생각해보면 치밀한 시장조사나 수익계획을 세우지 않고 안이한 마음으로 무턱대고 사업을 시작한 것이 부끄러울 따름이다. 하지만 당시에는 나름의 자신감을 가지고 시작한 일이다.

어머니는 사업에 실패한 내게 미국 유학으로 따온 MBA 학위라는 게 고작 그 정도의 것이냐며 호되게 꾸짖었다. 그렇게 나의 독립은 높아진 내 콧대를 꺾고 한계를 아는 것에서부터 시작되었다.

왜 30대에 큰 차이가 벌어지는 것일까? 그것은 어찌되었든 자신의 실력이 시험대에 오르고 그것으로 평가받기 때문이다. 잠재능력이나 성장이 아니라 발휘한 능력과 쌓아올린 실적의 '진수'로 판가름하기 때문이다.

20대에는 언제나 선배나 상사가 일을 지원해주기 때문에 실적부담이 크지 않다. 게다가 애초 서른 이전 시기를 수습으로 보는 기업도 많아 인사고과에 그다지 차이를 두지 않는다. 인사고과에서 비등비등한 평가를 받기에 1년에 두 번 있는 면담에서도 상사는 '다른 사람보다 이렇게나 뒤쳐져 있다'며 가혹한 통고를 하지 않는다. 그러나 서른이 되면 급작스럽게 회사 방침이 변하여 회사나 조직에 대한 공헌을 평가 대상으로 삼고, 한정된 자원을 효과적으로 배분하기 위하여 공헌도에 따른 '차이'를 둔다.

한편 도쿄대나 하버드대 졸업 따위의 학력도 서른 전에는 확실히 브랜드력을 가지고 있어 실력과 무관하게 주위의 기대를 모은다. 그런데 서른이 되면 평가 대상은 어디까지나 실적이라 학력은 녹슨 칼처럼 무용지물이 되어버린다.

기업에 따라 아직은 학벌을 중시하는 곳도 있어 학력이 출세에 영향을 미치지 않는다고 단언할 수는 없지만 지금 시대는 학력만으로는 결코 출세할 수 없다. 이제껏 '도쿄대 출신은 다르다'며 추켜세우던 사람도 성과가 없으면 돌연 '학력은 높지만 기대 이하'라는 평가로 돌아선다. 그러나 학력이 없는 사람에게는 오히려 큰 기회다. 실적을 내놓는다면 얼마든지 출세의 기회를 잡을 수 있다.

어느 기업의 영업직으로 입사한 전 프로야구 선수가 있다. 그는 서른 이전까지 단 한 번도 1군에 오르지 못한 채 구단에서 쫓겨나 그 회사의 문을 두드렸다. 사회인으로서 경험이라고는 없는 선수였지만 그는 30대 초반에 그 회사의 최고 세일즈맨이 되었다.

그는 '이곳은 훌륭하다. 프로야구의 세계에서는 기회를 얻어 실적을 내지 못하면 다음번엔 타석에조차 설 수 없다. 그러나 이곳은 일단 타석에는 세워주니 기뻤다'며 실적을 올릴 기회가 주어진 것에 기뻐했다.

프로야구의 세계와 비교하면 비즈니스 세계는 얼마든지 기회가 있다. 학력이 낮으면 불리할 때도 있지만 낮은 학력이 기회 자체를 원천봉쇄하는 것은 아니다. 타석에 평등하게 설 수 있다는 것은 실력만 있다면 얼마든지 활약할 기회가 있다는 얘기다.

거듭되는 결정으로 이루어지는 삶

30대에는 인생을 좌우하는 선택이 집중되어 있다. 예컨대 '(지금 회사에) 남을까?', '옮길까?', '독립할까?', 나아가 '결혼할까?', '애를 낳을까?', '주택을 살까? 임대할까?'라는 선뜻 판단하기 어려운 인생의 이벤트가 30대에 집중되어 있다. 하나 같이 중요한 결단이라 결코 실패하고 싶지 않지만 여러 가지 선택지가 있어 망설여진다.

물론 선택에 실패했다고 해서 인생이 끝나지 않는다. 그러나 이 시절을 보낸 인생 선배들은 인생의 토대가 되는 10년이기에 그때 내린 결단이 이후의 인생을 크게 좌우한다고 말한다. 중요한 선택이 30대라는 10년 동안에 거듭해 일어나고, 더구나 그 결단을 혼자서 내릴 수 없는 경우도 많다.

예컨대, 비록 자신이 이직하거나 독립하고 싶어도 배우자가 강하게 반대하면 본인의 의지대로 관철시키지 못하고 포기하고 만다. 결혼이나 출산을 계기로 회사를 그만두는 커리어우먼도 있다.

조금씩 나아지고는 있지만 우리 사회의 여성이 일과 결혼, 혹은 일과 육아를 병행한다는 것은 여전히 어려운 측면이 있다. 게다가 지금은 남성이든 여성이든 결혼과 출산, 일을 따로따로 생각할 수 없는 시대가 되었다. 많은 가정이 맞벌이를 하고 있어서 남성이 아무리 일에 매진하고 싶어도 가사나 육아를 아내에게 맡겨둔 채 방관만 할 수 없다.

나는 30대에 독립한 후 결혼과 출산을 하고 주택도 구입했다. 아내는 결혼한 뒤에도 광고회사를 다녔지만 출산 준비를 하면서 일을 그만두었다. 출산휴가와 육아휴가가 있는 회사였지만, 아예 그만두었다.

각각의 선택에 대해서는 나중에 자세히 이야기할 기회가 있을 텐데, 훗날 되돌아보니 특히 중대한 선택은 역시 '결혼'이었다는 생각이 든다. 내가 결혼한 것은 33세 때로 독립한 지 1년이 지난 뒤였다. 모은 돈을 몽땅 사업에 투자한 탓에 매우 궁핍한 시절이었다.

이삿짐을 아내의 차로 옮겼는데 고작 내 짐은 이불에 여행용 가방 하나, 옷 박스 2개가 전부였다. 자동차 트렁크에 넉넉하게 들어가는 짐을 보고 아내는 '이게 전부인 거야?'라는 말을 삼켰다고 한다.

당시 나는 늘 똑같은 폴로셔츠에, 청바지도 한 벌밖에 없는 가난하고 불안정한 남자였다. 그런 나를 결혼상대로 선택한 이유를 묻자 아내는 '일생에 한번은 재미있게 살고 싶었기 때문'이라고 답했다.

그리고 내가 그녀를 결혼상대로 선택한 이유는 이 든든한 말 한마디 때문이었다. "사업에 실패해도 당신만큼은 내가 먹여 살릴 수 있어. 아버지의 사업 실패로 거리에 나앉은 경험도 해봤으니 문제없어!" 그녀의 아버지는 큰 출판사에서 간부로 일하다가 독립하여 작게 출판사를 설립했지만 실패해 집을 팔아야 했다.

롤러코스터처럼 위험으로 가득한 인생을 살아가는 나를 아내가 받아주고, 함께 즐겁게 살아가자고 말해주었기 때문에 오늘날의 내가 있다. 만일 사업하는 것을 이해하지 못하는 여성과 결혼했다면 내 인생은 전혀 달라졌을 것이고, 이 책을 쓰지도 못했을 것이다.

내 선배나 동기 중에는 독립이라는 꿈을 오랜 세월 열렬히 이루고자 했지만 아내의 반대로 단념한 사람도 있고, 아내의 반대를 무릅쓰고 사업을 벌였다가 그 때문에 이혼한 사람도 적지 않다.

무엇을 근거로 성공이나 행복을 판단하는지는 사람마다 제각기 다르지만, 같은 가치관을 가진 사람과 함께하는 것은 이후의 인생을 크게 좌우하는 중차대한 결단이 분명하다.

미래를 바꾸는 만남

수습기간인 20대를 끝내고 서른을 맞이하면 단숨에 넓은 세계가 펼쳐진다. 시시콜콜 선배나 상사의 지시나 확인을 받지 않아도 되는, 소위 재량껏 하고 싶은 일을 진행할 수 있다. 하지만 이 기분 좋은 시작은 수많은 갈림길의 시작이기도 하다.

예컨대 이 시점에서 좋아하는 일을 하는 사람이나 자신의 강점을 아는 사람은 그렇지 않은 사람과 미래의 비전이 완전히 다르다. 전자는 일과 개인생활, 양쪽으로 충실한 시간을 보낸다. 업무 이외에도 새로운 취미를 발견하고 자신의 세계를 넓히거나 회사 안팎의 인맥을 확대하고 인간관계에 깊이를 더해 그렇지 않은 사람과 큰 차이를 만든다.

30대에는 결혼으로 저절로 부모형제의 수가 대폭 증가한다. 배우자의 인간관계를 그대로 끌어안기에 외부세계도 훨씬 넓어진다. 자녀가 태어나면 가족이 늘고 당연히 책임져야 하는 일도 많아져 어깨가 무거워진다. 당연히 40대에도 짊어지고 책임져야 할 일들이 있다. 하지만 30대에는 끊이지 않고 일어나는 일에 연타를 당하니 마음의 부담감이 커질 수밖에 없다.

짊어질 일이 많아지는 이 시기는 관계하는 세계나 인맥이 넓어지고 일도 즐거워지는 '육성기'이기에 어떤 사람과 만나는지가 매우 중요하다. 30대가 되면 여자든 남자든 누구를 만나는지에 따라 미래가 크게 달라진다. 훗날 성공한 선배들은 자신의 30대를 돌아보고 입을 모아 이렇게 말한다.

"성공의 법칙에 따라 자신을 바꾸려 하기보다 만나는 사람을 바꾸는 것이 훨씬 효과적이다."

성공 여부는 누구를 만나는가에 의해 결정된다고 해도 과언이 아니다. 어느 연령대이건 인간관계는 중요하지만, 관계의 대상을 선택한다는 의미에서 20대는 너무 이르고, 40대는 너무 늦다.

내게도 미래를 바꿀 만한 만남이 많았지만, 가장 큰 영향을 받은 것은 리크루트 시절의 선배 후지하라 가즈히로(藤原和博, 〈인생의 마지막 교과서〉 저자)와의 만남이다.

30대에 맺은 그와의 친밀한 인간관계가 오늘날의 나를 만든 것은 틀림 없는 사실이다. 우수한 두뇌력의 소유자인 그와 친밀하게 지내면서 늘 자극받고 자연스럽게 향상심을 가지고 매일 더 높은 곳을 목표로 노력했다. 그와 만나 이야기를 나누다보면 묘하게 의욕적이 되어 힘이 넘치고, 눈앞에 놓여 있는 장벽을 극복할 수 있다는 자신감이 생겼다.

게다가 불안해하기보다는 '일단 해보는' 버릇이 생겨 일처리 속도도 빨라졌다. 사고방식도 성공이라는 관점이 아닌 세상을 어떻게 하면 좋게 바꿀 수 있을지를 중심으로 바뀌었고, 그런 행동만이 내가 이 세상에 태어난 의미임을 깨닫게 되었다.

물론 나는 그의 복제품이 아니라 똑같이 생각할 수도 행동할 수도 없다. 그러나 그와의 만남으로 지금까지 생각지 못했던 가치관을 받아들이고 보다 넓은 세상을 바라볼 수 있는 새로운 경험을 했다.

그것은 결코 나 혼자서는 이룰 수 없는 세계다. 혼자서 무언가를 바꾸려 하기보다 동경하는 멘토를 발견하고 그에게 조금이라도 다가가려는 노력을 해야 한다. 그것이 변화하는 가장 빠른 지름길이다.

서른에는 앞으로 인생의 토대를 만드는 10년 동안 '누구와 관계를 맺을 것인가?'를 생각해야 한다. 30대의 자기 성장에 있어 인간 관계는 매우 중요한 주제다. 함께 있어 편안한 사람하고만 지내다보면 자신의 실력은 늘지 않는다. 성장하지 못한 채 제자리에 머무는 것이다. 향상심을 갖도록 좋은 의미에서 자신에게 끊임없이 자극을 주는 사람과 가까이 해야 한다. 좋은 인간관계는 인생을 크게 호전시킨다.

30대를 후회 없이 보내기 위하여

10대 시절 나는 고입에도 대입에도 실패를 겪고 수없이 좌절했다. 20대에는 잘 할 수 있다는 마음과 현실의 간극에서 고민하며 보냈다. 희망하던 종합상사나 광고회사가 아닌 당시 그리 이름도 알려지지 않은 리크루트라는 회사에 입사했다.

그때까지 나는 성취감이나 만족감과는 무관한 인생을 살아왔기에 내 인생에 짙게 드리워진 패배감과 좌절감에 강한 혐오감을 가지고 있었다. 어떻게 해서든 내 인생을 바꾸고 싶었다. 단 한 번이라도 좋으니 목표한 것을 실현시키고 싶었다.

그래서 내가 가장 먼저 시작한 일은 주위 사람들에게 조언을 구하는 것이었다. 대학을 졸업하고 입사한 리크루트에서 다행히 신규개척영업을 담당하고 있어 사람들과 만나서 이야기를 듣는 게 일이 었다.

대기업부터 중소기업에 이르기까지 수많은 사장, 부장, 정년퇴직자, 리크루트의 상사, 선배, 나아가 지하철에서 내 옆자리에 앉은 사람은 물론 벤치에 앉아 있는 노인에까지 말을 건넸다. 그 수는 무려 1만 명이 넘었다. 성공하고 싶다는 열망이 나를 움직이게 했다. 30대에 성공할 수 있다면 20대에 모든 걸 바쳐도 좋았다.

게을렀던 내가 성공을 목표로 하다니, 염치없는 말이지만 인생 선배들의 이야기를 주워들으면 그런 나도 얼마든지 잘 살 방법을 찾을 수 있을 것이라 생각했다. 그와 동시에 성공법을 소개한 수많은 책을 읽었고, 빚을 내어 68만 엔이나 하는 성공 프로그램을 구입한 적도 있다.

그러나 정말 도움이 되었던 것은 그런 책이나 프로그램의 이론이 아니라 내 주위에 있는 1만 명에 이르는 선배들이 살아가는 모습이 었다. 1만 명을 인터뷰하고 그들이 지금까지 살아오면서 참으로 많이 '후회'하고 있다는 것을 알았다.

더욱이 후회담에는 '그때 이렇게 했더라면 좋았다', '그렇게 하지 않았기에 후회하지 않는다'는 살아 있는 대처법이 반드시 뒤를 잇는 다. 물론 처음부터 '지금까지 살아오면서 어떤 일이 가장 후회가 되는지'를 물었던 것은 아니다. 히트상품의 개발 경위나 이런저런 개인적인 일들을 잡담처럼 시작하다가 자연스럽게 실패담이나 후회담으로 흘러갔다.

그들의 이야기를 듣는 나는 성공담보다 실패담이 흥미로웠다. 그 후로 기회가 될 때마다 일이나 가정, 육아, 교육, 인간관계, 돈, 출세에 관한 선배들의 진솔한 후회담을 지식으로 차곡차곡 내 가슴에 담아두었다.

1만 명에 이르는 인생 선배들의 후회는 30대에 집중되어 있었다.

물론 어느 연령대든 중요하지만, 인생 선배들의 후회가 30대에 집중되는 데는 이유가 있다. 바로 30대가 인생의 토대로, 그 10년 동안 결단을 내리고 이뤄낸 것이 이후의 인생을 크게 좌우한다는 것을 실감했기 때문이다.

이 책은 1만 명의 인터뷰를 통해서 알게 된 '30대에 하지 않으면 후회할 50가지' 항목을 소개하고 있다. 후회가 많다는 것은 많은 사람들이 50가지 장벽 앞에서 잘못된 선택이나 행동을 하고 있다는 뜻이기도 하다.

인생 선배들이 일이나 생활 혹은 인간관계에서 '어떤 후회를 하는가?' '그때 무엇을 하면 좋았겠다고 반성하는가?'를 먼저 이해하면 30대를 남들보다 충실하게 보낼 수 있을 것이다. 이 리스트를 타산지

석으로 삼아도 좋고, 자신만의 방법을 만들기 위하여 참고로 활용해
도 좋다. 여러분이 30대를 후회 없이 보내기 위하여 지금부터 소개할
50가지를 적극 활용하길 바란다.

#Contents

제1장 후회 없는 인생을 위해, 앞으로 10년 무엇보다 중요한 것

제2장 바쁘기만 한 것으로 끝나지 않기 위해,
일에 관하여 절대적으로 필요한 것

서른이라는 나이에 사람은

처음으로 온 세상의 이목이 쏠리는 무대에 오른다.

그것은 인생의 성패를 결정짓는 중대한 분기점이기도 하다.

30대, 10년이라는 세월은 눈속임 따위 통하지 않는

자기만의 '진정한 능력'으로 승부하고,

현실과 이상의 차이를 알게 되는 시간이다.

비로소 인생에 현격한 차이를 만드는 시간이기도 하다.

제 1 장

후회 없는 인생을 위해,
앞으로 10년
무엇보다 중요한 것

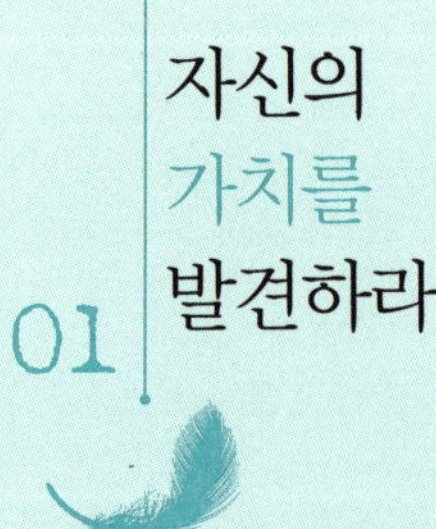

자신의 가치를 발견하라

01

　현재 마흔을 넘긴 우리의 인생 선배들은 여태껏 살아온 인생에 대하여 충분히 만족하고 있을까? 나는 그들이 지난 세월을 되돌아보고 아쉬워하는 모습을 수없이 보아왔다. 그들이 인생에 있어 가장 아쉬워하는 일은 무엇일까? '그때 그것을 알았더라면……', '그때 그것을 했더라면……', 이런 후회를 남기는 일들 말이다.

　이번 장에서는 수많은 사람들이 30대에 간과하거나 미처 챙기지 못해 후회하는 것들에 대하여 소개할까 한다.

　많은 이들은 늦어도 서른에 자신의 '뜻'이나 '가치'를 발견하겠다고 생각하면서도, 실제로는 아무것도 얻지 못했다. 굳이 서른이라는 연령에 집착하는 것은 공자가 '열다섯 살에 학문에 뜻을 두었고, 서른에 뜻을 세웠으며(三十而立), 마흔에는 유혹에 흔들리지 않았고, 쉰에는 하늘의 뜻을 알게 되었다. 예순에는 남의 말을 곡해하지 않고 순수하게 이해할 수 있었으며, 일흔에는 마음 가는 대로 해도 법도에 어긋나지 않았다'고 말한 것을 적잖이 의식하고 있기 때문일 것이다.

일본 근대화에 앞장섰던 사카모토 료마(坂本龍馬, 에도 시대의 무사-역주)도 '세상에 태어난 것은 일을 이루기 위해서'라고 말했다. 일을 이룬다는 것은 결국 꿈이나 목표를 실현한다는 의미다. 인생의 목적이 출세나 재산 형성, 지위나 명성 획득만 있는 것은 아니다.

결국 료마의 말은 자신이 무엇을 위해 이 세상에 태어났는가, 자신의 손으로 무슨 일을 할 수 있는가, 그 답을 찾아야 한다는 의미다. 그 때문인지 사람들은 서른에 어떻게든 자신의 가치를 발견하려고 한다. 30대는 그 어느 세대보다 결과물을 세상에 내놓아야만 하기 때문에 모두가 '유능해지길' 바라는 것도 어찌 보면 당연한 일이다.

나의 가치는 어디에 있을까?

서른에 접어들면 사람들은 '나는 무엇인가?', '나의 스타일이란 무엇인가?', '일하는 목적은 무엇인가?'라는 근원적인 문제에 대해서도 자기 나름의 결론을 내리고자 한다. 그런데 그런 강렬한 바람에도 불구하고 인생 선배들은 30대에 자신의 가치를 발견하는 데 실패했고, 그것을 내심 한탄하고 있다.

흔히 30대를 두고 '육성기'라 한다. 그것은 자신의 어떤 강점을 어떠한 영역에서 성장시켜갈 것인가, 자신의 힘을 발휘할 장소로서 어떤 분야를 선택할 것인가를 고민하고 결정하는 시기이기 때문이다. 자신의 뜻을 세우고 납득할 만한 성과를 내는 것, 그것이 소위 30대가 도달해야 하는 골인점이라 할 수 있다.

그렇다면 어째서 많은 사람들은 30대에 자신의 가치를 발견하지 못했던 것일까?

가장 큰 이유는 그들이 자신의 가치를 자신의 '안'에서 찾으려 했기 때문이다. 찾는다, 혹은 발견한다는 말이 갖는 어감에 속아 많은 사람들이 무심코 자신의 안에 숨겨져 있는 가치를 찾아 헤맨다.

이미 존재하는 것 중에서 자신의 가치를 새롭게 발견하겠다는 의지는 가상하지만 여러 개 중에서 하나를 고르는 일이 아니기에 결코 쉬운 일이 아니다. 그런 까닭으로 많은 사람들이 끈덕지게 악전고투를 벌이며 자신의 가치를 찾기 위해 매달려 보지만 성공하기가 결코 쉽지 않다. 왜냐하면 자신의 가치는 아직 존재하지 않기 때문이다.

나는 많은 사람들의 한숨 섞인 후회담을 들으면서 그들이 자신의 '안'에서 자신의 가치를 찾으려 했기 때문에 실패했다는 사실을 깨달았다.

발견이 아니라 발전하는 것

자신의 가치를 찾는 일은 결코 간단치 않다. 그것은 발견한다기보다 만들거나 높이는 행위에 가깝다. 그렇기에 아무리 자신의 안을 헤집어봐도 자신의 가치를 발견할 수 없다.

빛나는 자신의 가치를 만들어내기 위해서 상아탑에 틀어박혀 머리를 싸매고 심사숙고할 것이 아니라, 스스로 행동에 나서야 한다. 행동을 통해 성공이든 실패든 경험을 쌓아야 한다. 그렇게 자신의 가치를 한층 높이는 것이 중요하다. 자신의 가치는 자신의 '밖'에 있다. 생각하기에 앞서 일단 행동해야 한다. 행동한 다음에 비로소 '옳은' 생각이 가능하다.

사람은 타인과 깊은 인간관계를 맺고, 사회나 조직과 관계하면서 가치를 재발견하기도 한다. 필사적으로 자기 안에서 가치를 발견하기 위하여 애쓴 사람일수록 아무것도 얻지 못했다. 수많은 인생 선배들은 이 점을 후회했다.

일단 행동하여 경험을 쌓아 가치를 만들고 높인 사람만이 소중한 가치를 손에 넣는다. 그토록 갈망하는 답은 자신의 '밖'에 있다는 의식을 갖고 행동에 나서야 한다. 행동을 동반한 체험에서 얻은 깨달음만이 자신의 진정한 가치를 일깨울 수 있다.

마찬가지로 사카모토 료마는 태어날 때부터 '사카모토 료마'가 아니었다. 토사 번에서 나와 가쓰 가이슈(勝海舟)라는 인물을 만나 막부 말기 수많은 지사들과 접촉하면서 그는 자신의 가치를 높여 갔다.

답은 자신의 '밖'에 있다. 자기 안을 구석구석 헤집어보기보다는 외부 세계와 교류하면서 체험을 쌓아야 한다. 그 가운데 진정 온몸을 던져 매진할 만한 어떤 것을 발견하게 될 것이다.

자신의 가치는 자기 '밖'에 있는 것으로,
발견하기보다 만들고 높여야 한다.

현실성 있는 인생설계를 하라

많은 사람들이 인생의 설계도를 그린다. 그러나 20대는 경험이 부족한 인생의 수습기간이라 제 아무리 인생설계를 하려 해도 현실과 동떨어진 모습을 그릴 수밖에 없다. 이런 상태에서 30대가 되면 현실적인 문제에 부딪히거나 자신이 생각했던 대로 인생이 풀리지 않아 좌절하게 된다.

거기에 30대에 결혼하고 가정을 이룬 사람은 20대에 세운 인생설계가 더 이상 맞지 않게 된다. 그렇다고 그 시점에 인생설계를 포기해서는 안 된다. 실제로 이때 인생설계를 포기한 사람들은 중장년이 되어 자신의 인생설계 '방법'이 잘못되었다는 걸 알고 크게 후회한다.

인생설계는 청사진대로 되어가지 않을 때 얼마든지 수정할 수 있다. 그런 유연성이 오히려 '살아 있는' 현실성 있는 인생설계를 만든다.

인생이 예상치 못한 곳으로 흘러가지 않으려면

인생은 예상대로 전개되지 않는다. 따라서 인생설계 역시 상황에 따라 변경해야 한다. 서른을 넘기고도 현실성이 결여된 인생설계를 하고 있다면 청사진을 그려도 무의미할 따름이다.

인생 선배들의 후회담을 들으면서 내가 실천한 것은 '파트너 피드백'이라는 방법이다. 원래 인간은 혼자서 살아갈 수 없다. 상호 교류나 인과관계 없이 혼자 머릿속으로만 인생설계를 한다면 현실과 동떨어질 수밖에 없다. 파트너와 대화를 나누면서 인생설계를 꾀하지 않으면 안 된다.

이때 파트너를 굳이 부부에 한정지을 필요는 없다. 연인, 상사, 회사 동료나 비즈니스 파트너, 친구도 여기에 해당한다. 중요한 것은 그 파트너와 함께 현실적인 인생설계를 하는 것이다. 개인의 목표도 중요하지만 그 누구도 혼자서 조용히 살아갈 수 없다. 게다가 예상치 못한 일들이 일어날 때, 모든 책임을 혼자

떠맡는 것은 전혀 현실적이지 못하다.

 왜냐하면 인간은 자기 자신보다 타인을 위해 행동할 때 더욱 분발하는 존재이기 때문이다. 목표 달성 효과도 높아질 수밖에 없다.

그리고 파트너와 대화를 나누면서 피드백을 얻는다면, 환경 변화에 따라 유연하게 방향을 수정할 수 있어서 좋다. 상대를 통해 자신을 보다 객관적으로 파악할 수 있어 독불장군식이 아닌 한층 현실성 있는 인생설계를 할 수 있다.

내 인생설계의 최종 목표는 정말 재미있었다고 말할 수 있는 인생을 사는 것이다. 사실 이것은 아내의 소원이기도 하다. 결혼할 당시 나는 아내에게 백지 한 장을 건네며 '무슨 소원이든 한 가지는 들어주겠다'고 말했는데, 아내는 거기에 '생을 마치는 순간에 정말 재미있는 인생이었다고 말할 수 있길 바란다'고 적었다.

우리 부부는 이 목표를 달성하기 위하여 언제나 현실적인 인생설계를 해왔다. 예컨대 우리는 결혼할 당시 딸아들 구별하지 않고 둘만 낳기로 했다. 아내는 당시에 일하던 직장에서 평생토록 일할 생각이었기 때문에 출퇴근이 편하도록 도쿠센 근처의 집을 얻었다. 월세든 전세든 상관없었다. 그런데 인생설계는 예기치 못한 사건이나 환경 변화에 의해 어쩔 수 없이 수정될 수밖에 없었다.

궤도 수정은 당연하다

결혼한 지 2년이 되던 해에 장인이 말기 암으로 몸져눕고 투병 생활을 시작했다. 그러자 아내는 장인의 간호를 위해 이제까지 열성을 다해 일해온 광고회사를 그만두고 전업주부가 되기로 했다.

언제나 정열적인 커리어우먼의 모습만을 보이던 아내가 전격 회사를 그만두고 전업주부로서 새 출발을 하다니……. 나는 아내의 그 같은 변신을 티끌만큼도 상상해본 적이 없었기에 놀라지 않을 수 없었다.

아내는 결혼 초기부터 주야장천 평생토록 직장에 다니며 일하겠다고 말해왔다. 하지만 느닷없이 일이 터지고 예기치 못한 상황으로 전개되는 현실적인 문제에 맞닥뜨리자 우리 부부는 대화를 나누고 인생설계를 수정하기로 했다.

계획했던 대로 자녀 둘을 슬하에 두었다. 하지만 나는 그때까지 완전히 일중독에 빠져 육아에는 조금도 신경 쓰지 않았다. 아니, 인생설계에 육아 자체는 존재하지도 않았다. 그러나 파트너 피드백이라는 방법을 통해서 현실적으로 인생설계를 수정하고 '육아 아빠'로 완벽하게 변모했다.

그때까지 우리 부부는 월세로 살면서 장차 주거 문제를 어떻게 할 것인지에 대한 논의조차 해본 적이 없었다. 그런데 앞으로 지출해야 하는 임대료나 주차요금을 감안하면 아예 집을 장만하는 것도 하나의 방법이라는 결론에 이르렀다. 당초 인생설계에 '집을 산다'는 계획은 없었지만 맨션을 사서 주거 문제를 해결하기로 했다.

그러나 '생의 마지막 순간에 재미있었다고 말할 수 있는 인생을 보내자'는 동일한 목표를 가진 아내와 함께한다면 목표 지점에 다다르는 길은 얼마든지 변경할 수 있다. 게다가 아내와 '함께'하기에 목표에 대한 달성도와 의욕은 한층 높아질 수밖에 없다. 인생설계는 언제든 일어날 수 있는 환경 변화와 해프닝에 의해 얼마든지 변경된다는 전제로 늘 살아 있는 그림처럼 받아들여야 한다. 이 점이 중요하다.

회사를 그만두고 독립한 뒤에 상상을 초월하는 역경이 찾아왔을 때도 우리 부부의 목표는 위기 극복이나 불안 해소가 아니라, '재미'였기에 늘 대화를 통해 계획을 하나씩 하나씩 수정하며 극복할 수 있었다.

꿈이나 목표는 누군가와 공유하면 훨씬 현실성을 띠고 생명력이 강해진다. 그 결과 목표를 달성할 가능성이 높아진다.

파트너와 대화를 나누는
피드백 방법으로 현실적이면서 수정 가능한
인생설계를 한다.

파트너와 대화를 나누는
피드백 방법으로 현실적이면서 수정 가능한

닮고 싶은 멋진 인생을 찾아라

30대 이후의 인생을 큰 격차로 끌어올리는 요소는 다음과 같다.

'지금껏 롤모델을 가지고 살아왔는가?'
'주위에 좋은 멘토가 있는가?'

주변에서 닮고 싶은 사람, 멋진 인생 선배를 만나는 것은 인생의 큰 행운이다. 이것만큼은 운에 크게 좌우되어 입사한 회사, 소속된 부서나 팀에 의해 행운과 불행이 갈린다. 실제로 40~50대가 되어 지금까지 자신의 비즈니스 인생을 되돌아보고 롤모델을 가지지 못한 것을 후회하는 사람이 적지 않다. 혹은 이루고 싶은 확실한 목표를 갖고 있었지만 제대로 된 멘토를 만나지 못했다며 불운을 한탄하는 사람도 있었다.

20대는 수습기간으로 자질구레한 일을 처리하면서 일을 배우는 시기인데, 그때 좋은 본보기가 되어줄 롤모델이나 멘토가 곁에 있다면 일을 수행하는 데 많은 도움을 받을 수 있다.

그러나 서른이 되면 업무 상의 멘토보다는 '어떻게 살아갈 것인가', '어떻게 일할 것인가', '어떻게 사고할 것인가' 같은 삶의 지표를 마련해주는 '인생 선배'가 필요하다.

닮고 싶은 인생 선배가 있는가

10대 시절 나의 멘토는 최고 영업자나 천재 영업자로 불리는 사람이었지만, 30대가 되어서는 앞서 성공한 사람들 중에서도 나와 가치관이 같은 사람을 멘토로 삼았다. 성과나 실적도 중요하지만 30대는 앞으로 어떤 인생을 살아갈지를 현실적으로 수정 보완하는 시기다. 따라서 만족스러운 인생이나 행복의 조건에 대하여 멘토에게 배울 필요가 있다. 업무적인 면에서 유능하다고 해도 실제 가정생활은 엉망으로 헝클어져 있거나 일에 쫓겨 정신적인 안정감을 전혀 가지지 못하는 경우도 많기 때문이다.

꿈에 그리는 인생을 앞서 살아가는 사람을 멘토로 삼아 흉내내고 배운다면 앞으로의 인생은 크게 좋아질 것이다. 혼자만의 힘으로 내일의 비전을 설계한다는 것은 결코 쉬운 일이 아니다. 훌륭한 사람들을 만나 그들로부터 좋은 자극을 끊임없이 받는다면 성공한 인생에 한 발짝 더 다가설 수 있다.

동경할 만한 사람이 없다면

그러나 오늘날 많은 사람들이 좀처럼 멘토를 발견할 수 없다고 한탄한다. 회사 내에 멘토가 없다면 시선을 돌려 회사 밖에서 찾아보는 것도 하나의 방법이다. 나도 멘토의 대부분은 회사 밖에서 만났다. 서른이 되면 멘토에게 원하는 것은 '어떻게 살아갈 것인가', '어떻게 일할 것인가', '어떻게 사고할 것인가' 하는 인생의 근원적인 물음에 대한 답이기에 멘토가 군이 회사 안에 있을 필요는 없다. 멋있게 나이 먹어가는 사람이 가장 좋다.

'유유상종'이라는 말이 있다. 멋있는 사람 주위에는 그러한 사람들이 모여든다. 눈 씻고 찾아봐도 주위에서 동경할 만한 멘토나 롤모델을 찾을 수 없는 사람은 냉정히 자신이 몸담고 있는 세계를 둘러보자. 어쩌면 그곳은 진심으로 자신이 동경하는 세계가 아닐지 모른다.

매력적인 사람이 많은 세계로 뛰어든다면 분명 흉내 내고 배우고 싶은 롤모델 또는 멘토를 발견할 수 있을 것이다.

누구와 인간관계를 맺을 것인지 정하라

프롤로그에서도 언급한 바 있지만, 30대에 고민해야 할 가장 중요한 것으로 '누구와 관계를 맺을 것인가'에 대하여 이야기를 해보자.

많은 사람들이 이미 알고 있겠지만, 사람이 성장하는 순간에는 반드시 '타인'이 존재한다. 무슨 일이든 혼자서 배우는 데는 한계가 있다. 자신의 머릿속으로 완성해가는 세계는 고작 한 사람이 성장하면서 경험하고 들은 내용을 토대로 형성된 좁은 세계로, 그곳에서 얼마나 빨리 벗어나는지가 성장의 포인트가 된다.

또한 동경해 마지않던 사람과 관계를 맺음으로써 혼자서는 생각할 수 없었던 발상을 배우기도 하고, 스스로 온 힘을 기울여 자신의 생활을 활동적으로 바꾸려는 강렬한 꿈을 갖게 될 수도 있다.

경험이 부족한 20~30대가 자신의 지식과 경험만으로 최적화에 이르기는 현실적으로 불가능하다. 얼마나 훌륭한 사람과 관계를 맺는가, 이것은 서른 이후 그 사람의 인생을 좌우할 만큼 중차대한 문제다. 끊임없이 자극을 주고 의욕을 높이는 우수한 사람과 만나야 한다. 그런 관계를 통해 사람은 성장한다. 더불어 여기에 인생 선배들이 인간관계에 있어 후회하는 또 한 가지가 있다.

지금 당신 옆에 있는 사람은 어떤 사람인가

바로 긍정적인 사람과 인간관계를 형성했어야 한다는 후회다. 일본 속담에 '주홍빛을 잃으면 빨개진다'는 말이 있는데, 사람이 소극적이고 부정적인 에너지 속에 있으면 자신도 모르는 사이에 감염된다는 의미다. 은연중에 자신에게 악영향을 미치는 관계나 집단 심리라는 것이 있다.

부정적인 에너지는 긍정적인 에너지보다 몇 배 더 강력하게 전염된다. 직장에서 이루어지는 사소한 회의나 선술집에서 오가는 대화에서도 부정적인 에너지는 빠르게 퍼진다. 건설적인 의견이나 제안에 대하여 즉석에서 '그런 것은 효과가 없잖아요' 또는

'그런 것은 전에도 해봤지만 소용이 없었어요'라며 일단 부정적으로 반응하는 사람이 있다. 경영 방침이나 상사의 지시에 대해서도 '위에서는 그렇게 말하지만 나는 이렇게 생각한다'라며 이미 정해진 방침에 대하여 부정적인 의견을 끼워 넣는 사람이 있다. 이런 말은 어떤 제안이나 의견도 쓸모없는 것으로 만든다. 본인은 미처 깨닫지 못하지만 부정적인 에너지를 내뿜는 사람은 조직에 해악을 끼친다.

당연히 이런 사람이 되어서는 안 되지만, 이러한 '부정의 토네이도' 안에 있으면 거기에 안주해버리기 쉽다. 긍정적인 사고를 하기보다 부정적인 의견을 갖는 편이 훨씬 에너지가 덜 필요하기 때문이다. 문득 정신을 차렸을 때 이미 자신도 회사에 해악을 끼치는 일원 중 하나가 되어 있을 수 있다.

만나는 사람을 고르고 가려야 한다

나는 서른이 되기 전부터 중소기업의 경영자나 대기업의 부장에게 '성공하고 싶으면 어떤 사람과 관계를 맺을 것인지 선택하라', '유유상종이니 좋은 사람과 만나라'는 조언을 귀가 따갑게 들으며 성장했다.

당시는 이해득실을 따져 만나는 사람을 고른다는 것이 계산적이라는 생각에 조금 내키지 않았다. 그러나 30대를 지나 40대를 보내면서 수많은 성공한 사람들을 보고 있자니 그들 주위에는 향상심으로 충만해 있는 멋진 사람들이 많다는 것을 알게 되었다. 그들은 긍정적인 사람들과 관계를 형성하고 긍정의 토네이도에 의해 더욱 수직 상승하고 있었다.

긍정적인 사람과 만나면 '유유상종'으로 자연스레 긍정적인 사람들을 더 많이 만날 수 있다. 각 분야에서 맹활약하는 사람들과 어울리다 보면 자신도 그들 속에서 인정받고 싶다고 진지하게 생각하게 된다. 반면 부정적인 사람과 관계를 맺으면 주변 사람이나 환경을 탓하고, 현실에 안주하게 된다. 인간관계에 실패했다고 후회하는 사람들은 부정적인 집단의식에 감염된 사람들이다.

조직에는 의욕을 북돋아주는 사람과 의욕을 앗아가는 사람이 존재한다. 소극적인 말이나 불평만 늘어놓는 사람과 관계하면 자신까지 어느 사이엔가 부정적인 사람이 되어버리기 때문에 주의가 필요하다.

직장에 따라서는 자신의 의지대로 인간관계를 선택할 수 없는 곳도 있는데, 그런 경우에는 인간관계를 긍정적 에너지와 부정적 에너지로 구분하여 사귀도록 한다. 가급적 긍정적인 사람들과 가까이 하고 회사 밖에서 긍정적인 사람들과 적극적으로 관계를 형성해야 한다. 그런 행동이 40대 이후의 인생에 매우 지대한 영향을 미차는 것을 나를 비롯한 많은 인생 선배들이 경험하였다.

부정적인 집단 심리에서 벗어나
긍정적 에너지를 가진 사람들과 교류한다.

돈 버는 능력을 키워라

오늘날 직장인의 절반 이상은 40~50대를 맞이했을 때 닥칠 수 있는 구조조정이나 인원 감축에 공포를 느끼고 있다. 조직이라는 것은 어떤 의미에서는 잔혹하여 40~50대가 되면 나이 어린 상사를 모셔야 할 때도 있고, 기업에 따라서는 선배와 후배의 서열이 뒤바뀌는 하극상 인사도 행해진다.

소위 능력주의라 불리는 것인데 거기에는 '참담함을 안겨주어 서둘러 그만두게 만든다'고 하는 기업의 검은 속내가 감춰져 있다. 30대에는 여기에 대한 문제의식을 전혀 느끼지 못하거나 자신과는 무관한 일이라 생각한다. 그러다 40~50대가 되면 비로소 자신의 일로 실감한다.

반면 40~50대에 크게 활약하는 사람도 있다. 이 둘의 차이는 과연 무엇일까? 그것은 바로 '돈 버는 능력'에 있다. 돈 버는 능력이란 회사 규모나 프리랜서라는 고용 형태와도 관계가 없다. 대기업에서 평생토록 편안하게 일하는 시대는 이미 끝났다. 돈 버는 능력은 생존을 위해 어디서든 필요한 개인의 능력이다.

돈 버는 능력만 있으면, 40~50대에 구조조정 따위는 겁내지 않고 좋아하는 일을 마음껏 할 수 있다. 프리랜서일지라도 대기업의 사원보다 충분히 더 많은 돈을 벌 수 있다. 실제로 내 고등학교 동창은 일류대학을 나와 대기업의 과장이 되었는데 월급은 나의 5분의 1밖에 되지 않는다. 나는 고작 한 명의 사원을 둔 작은 회사의 사장에 지나지 않는다. 그러나 '돈 버는 능력'에 있어서는 단연코 친구보다 위라 말할 수 있다.

높은 연봉과 돈 버는 능력은 다르다

돈 버는 능력은 육성기인 30대에 만들어진다는 사실을 잊어서는 안 된다. 작년에 연수입 1억 엔 이상의 보수를 받는 상장기업 임원들의 명단이 공개되어 뉴스가 되었는데, 거기에 이름을 올린 사람 중에 옛날부터 알고 지내는 지인이 있다. 내 주위에도 이 같은 불경기 속에서 연수입 5,000만 엔이나 3,000만 엔을 올리는 사람이 상당수 있다. 그들의 공통점은 30대에 돈 버는 능력을 키우고 40대에 그 수입을 실현시키고 있다는 것이다.

나는 연봉 1억 엔을 기록한 그들이 과거에 일자리조차 찾지 못하던 불우한 시절을 봐왔기 때문에 그들이 40대 이후에 '돈 버는 능력'으로 활짝 꽃을 피우고 있는 것에 통쾌함마저 느낀다. 그렇다면 '돈 버는 능력'이란 대체 무엇일까?

그것은 실무능력, 공감하는 능력, 자기 프레젠테이션 능력이라는 세 가지를 가리킨다. 이 가운데 뭐니 뭐니 해도 기본이 되는 것은 실무능력이다.

서른이 되기 전에 기술, 영업, 생산, 인사, 경리, 재무 등에 관한 기본적인 실무를 파악해야 한다. 30대에는 이것들을 얼마나 자기 실력으로 키워 성과를 올리는가가 중요하다. 실무능력 축적이 40대 이후의 인생을 결정한다. 실무 경험이 얕다는 것은 전장에서 필요한 총알이 부족하다는 것과 같다. 치명적인 약점이 될 수 있다.

40대에는 그 실무능력을 사용하여 부문을 관리하거나 인재를 육성하는 것이 주요 업무다. 실무능력이 부족하면 도저히 제 역할을 해낼 수 없다. 그것은 개발부문, 제조부문, 인사부문, 영업부문에 공통으로 해당된다. 아무리 인간적으로 훌륭해도, 커뮤니케이션 능력이 뛰어나도, 매니지먼트에 능해도 실무를 모르고서는 경기에 참여할 수 없다. 나중에 경험이 부족하여 실무능력을 쌓지 못했다는 후회를 하지 않기 위해 반드시 주의해야 한다.

두 번째 요소는 공감하는 능력이다. 일에는 상대가 존재한다. 공감하는 능력이 없으면 일이 자기 위주로 이루어지게 마련이다. 일을 잘하려면 무슨 일에서든 상대의 입장을 이해하는 능력이 필요하다. 기획이든 영업이든 마케팅이든 모두 고객의 입장을 생각하는 상상력이 필요하다.

실무능력의 경우에는 스스로 부족하다는 것을 자각할 수 있는데 반하여, 공감하는 능력은 좀체 스스로 깨닫기 어렵다. 공감하는 능력은 성과를 내고 자신의 힘으로 돈을 벌기 위해서는 반드시 필요한 요소이기에, 여전히 성과를 내지 못하는 사람은 자신에게 이 능력이 부족한 것은 아닌지 생각해봐야 한다.

공감하는 능력이 강한 사람이 하는 일에는 반드시 가산점이 있다. 예컨대 상대가 좋아하는 형식에 맞춰 자료를 작성하거나 상대의 과제나 문제점에 맞춰 제안하는 등 일상 업무 속에서도 공감하는 능력의 유무는 여실히 드러난다.

마지막 요소는 자기 프레젠테이션 능력이다. 이것은 상대의 인상이나 기억에 깊이 각인되는 능력을 말한다. 커뮤니케이션 능력에 대한 상세한 설명은 2장에서 자세히 소개하겠지만, 이 능력은 자신을 이야기하는 힘이라 할 수 있다. 얼마만큼 상대에게 자신의 이야기를 흥미롭게 전달하는지가 포인트다.

비즈니스는 뭐든 생각하기만 하는 것이 아니라 상대에게 얼마만큼 '전달하는지'가 중요하다. 특히 30대에는 일의 내용을 당당하게 효과적으로 전하는 능력에, '나'라는 사람을 매력적으로 어필하는 능력을 더해야 한다.

회사나 조직의 간판을 배제하고 '나'라는 개인이 창출할 수 있는 가치를 매력적으로 상대에게 전하는 능력이 필요하다. 그것이 진정한 능력이고 성과를 낳는 원동력이 된다. 이 능력을 단련하는 방법은 의외의 곳에 있다. 바로 여러 번 실패해보는 것이다. 자신의 실패담을 흥미롭게 들려주면서 자신을 전달해보자.

위의 세 가지가 돈 버는 능력의 정체다. 이 능력은 어디에서든 힘을 발휘하는 잠재 능력이기 때문에 회사를 옮기든 독립하든 언제나 당신을 지켜주는 생존 무기가 되어 줄 것이다.

실무능력, 공감하는 능력,
자기 프레젠테이션 능력을 키워
돈 버는 능력을 갖춘다.

온갖 것에 고개를 디밀어라

옛날부터 근면은 미덕으로 칭송받고 긍정적으로 해석되어왔다. 하지만 현재 40~50대 그리고 이미 정년을 맞이한 인생 선배들은 과거를 돌이켜보며 '성실함만으로는 부족했다'고 후회한다.

얼핏 불성실해 보이던 사람이 큰 성과를 올리거나 놀기만 하던 사람이 승진하는 경우는 어느 기업에서나 일어난다. '잘 노는 사람이 일도 잘한다'는 말처럼 성실함만을 장점으로 가지고 있으면 현실적으로 아무런 도움도 되지 않는다는 것을 인생 선배들은 뼈저리게 느끼고 있다.

그렇다면 왜 성실함만으로는 성공할 수 없는 것일까?

20대에 뿌린 씨앗을 30대에는 크게 키워야 한다. 장차 새로운 일에 도전하거나 부가가치를 생산하기 위해서라도 30대의 성과는 중요하다. 성실해도 성과가 부족하면 대외적으로 열악한 처지에 놓인다. 회사가 요구하는 것은 성과와 실적이다.

소용돌이 속에 있는 본인은 좀처럼 깨닫기 어렵지만 경영자나 부장의 입장에서 보면 성실하기만 한 사람의 한계는 명확하다. 성실하기만 한 사람은 결국 지시받은 일만 부지런히 따를 뿐이므로 조직에 대한 새로운 가치를 제시하지 못하는 흔해 빠진 인재에 불과하다. 때로는 불성실해 보이는 사람이 유연한 발상으로 큰 성과를 낳을 수 있다. 성실하기만 해서는 새로운 가치를 창출할 수 없다.

'할까, 말까' 고민될 때는 일단 하고 보자

주의해야 할 성실한 타입의 사람도 있다. 그들은 때때로 '어것은 내 일이 아니다'라며 거절하기도 한다. 자신에게 주어진 일은 열심히 하지만 오로지 그 일을 하는 것에만 사명감을 발휘하고 스스로 자신의 일에 선을 긋는다.

그러면 주어진 업무에 몰두해 다소 성과를 올릴 수 있을지는 모르지만 더 높은 곳을 향해 도전하는 향상심을 자극하는 일은 없을 것이다. 사내에서 인맥도 형성하지 못하고 성장 속도도 늦춰지기 마련이다.

서른은 비록 자신의 일이 아닐지라도 그것으로 인해 자신의 능력이 높아지고 식견이 넓어진다면 도전하여 자신을 더욱 성장시켜야 하는 나이다. 과중한 업무를 걱정하기보다 일하는 방식에 대하여 고민하고 속도를 높이는 방법을 강구하는 것이 자기 성장으로 이어지기 때문이다.

다방면에 관심을 갖는다.
'하나'만 아는 성실함에서 새로운 가치는
나오지 않는다.

40대 이후의 인생 선배들은 30대에 회사 밖의 인맥을 좀 더 넓혀두지 못한 것을 후회한다. 물론 인맥은 마흔 이후에도 얼마든지 넓힐 수 있다. 그러나 인생을 좌우하는 깊은 만남은 마흔 이후에는 점차 희박해진다.

어느 부동산 회사의 경영기획실장이었다가 이직한 쉰 살의 지인이 이런 말을 했다. "인맥은 서로에게 결재권이나 권한이 없는 20~30대에 구축하지 않으면 안 된다." 40대나 50대가 되면 인간으로서의 자기 자신이 아닌 자신의 권한이나 결재권을 보고 사람들이 모여들기도 하여 진정한 의미에서 외부 인맥 구축은 사실상 어렵다. 조직 내 자신의 위치 때문에 개인적인 인간관계를 제한해야 하는 측면도 있다.

예컨대 그 영업부장은 30대 초반까지는 아무런 권한이나 책임도 없었기 때문에 회사보다 고객을 위해 행동할 수 있었고, 맨션을 구입한 고객과도 개인적으로 친하게 지낼 수 있었다고 한다. 자신과 연령대가 비슷한 고객이라면 더 친밀하게 지낼 수 있었는데, 그렇게 형성된 인간관계가 마흔을 넘기자 유익한 인맥으로 변해 있었다고 한다.

그런데 마흔 이후에 관리직으로 발탁되면서는 조직 논리가 앞서 더 이상 고객과 개인적인 관계를 형성할 수 없었다고 한다. 그런 까닭에 그는 좀 더 행동이 자유로운 30대에 보다 넓은 인간관계를 형성해두었더라면 좋았을 것이라며 후회했다.

비슷한 사람끼리만 모이면 재미없다

30대는 오직 자신의 능력만으로 승부한다. 자신의 인간적인 매력을 단련하기 위해서라도 회사 안팎으로 보다 많은 사람들과 관계를 맺는 것이 중요하다.

자신의 세계를 넓히고 성장해가는 사람과 귀찮다는 이유로 행동하지 않은 사람의 차이가 30대 이후의 인생에 큰 격차를 만든다.

외부 인맥을 구축하는 것은 이질적인 세계와 접하는 기회이기도 하다. 회의 진행자로 일했던 어느 이업종(異業種) 교류회에서 한 대기업 가스회사의 과장은 '비슷한 학교를 나와 비슷한 회사에서 근무하고 비슷한 일을 하는 사람들이 모인 이업종 교류회가 가장 재미없다'고 말했다.

비슷한 학교를 나와 비슷한 회사에 일하고 비슷한 곳에 살고 있는 동질사회는 사실 작고 폐쇄적이다. 혁신은 다양성이 풍부한 사회와 접하지 않으면 결코 탄생할 수 없다.

한 사람이 곧 하나의 세계다

내가 인생 선배들의 후회담을 듣고 30대에 다짐한 것은 '360도 인맥'이라는 발상과 행동이다. 위로는 총리, 아래로는 노숙자에 이르기까지 인간관계를 구축하는 것으로, 인맥 형성에 이르지 못하더라도 대화를 나누는 것만으로 세계관은 크게 넓어진다.

필요한 때에 경영자, 국회의원, 변호사, 세무사, 신문기자, 시민운동가, 종교가, 컴퓨터 전문가, 미장공, 배관공, 전기공, 우익단체, 좌익단체 등 다양한 사람들과 연락을 주고받는 것이 '360도 인맥'의 포인트다.

이런 다양한 인간관계는 마흔을 넘기면 구축하기 어렵기 때문

에 마흔 이전에 가능한 한 폭넓게 키우는 것이 좋다고 인생 선배
들은 조언한다.

실패에서 진지하게 배워라

과거 리크루트에는 '실패하지 않는 죄'라는 격언이 있었다. 성공한 사람은 누구보다 실패한 사람이고, 실패하지 않는 것은 죄라는 의미다. 도전에는 반드시 실패라는 말이 뒤따른다. 실패하지 않는 사람은 일 잘하는 사람이 아니라 도전하지 않는 사람이다. 그런데 실패하는 것만큼 중요한 것은 실패에서 배우는 것이다.

실패는 자신의 가설이나 판단이 잘못되었다는 것을 의미하기 때문에 왜 잘못되었는지를 배우는 것이 발전할 수 있는 지름길이다. 유니클로의 야나이 사장은 '1승 9패'라는 말을 했는데, 아홉 번의 실패에서 필사적으로 배워 1승을 올렸다는 의미다.

실패를 곱씹어야 하는 이유

그런데 실패를 되돌아보는 것이 귀찮기 때문인지 사람들은 잘못을 방치하고 또 다시 같은 잘못을 반복한다. 알고는 있지만, 여전히 잘못을 되돌아보지 않는다. 개선을 위한 힌트는 우리 주변에 있지만, 그것을 몰라 훗날 후회하는 사람이 적지 않다.

여기서 내가 30대에 저지른 실수를 통해 배운 교훈에 대하여 소개할까 한다. 프롤로그에서도 언급하였듯이 나는 크리스마스트리 사업에서 실패하고 막대한 손실을 떠안았다. 거기서 얻은 교훈은 '하고 싶은 일'로 실패했으니 다음번에는 '할 수 있는 일'로 승부를 내자는 것이었다.

사실 첫 사업으로 '하고 싶은 일'을 선택하여 실패한 사람은 많아서 사업을 시작한 지 1년 이내에 30~40퍼센트가 폐업한다. 나도 크리스마스트리에 집착한 탓으로 폐업을 면하지 못했다. 그 다음에 바로 손실을 만회해보고자 이전부터 생각해두었던 직장인 대상의 마케팅 세미나를 시작하였다. 하지만 광고비와 일대일 교수법으로 수익성이 낮아서 이 사업 역시 실패하였다. 거기서 얻은 교훈은 '나의 가장 강력한 무기이자 핵심역량(core competence)은 법인영업이니까, 여기서 승부를 내자'는 것이었다. 그 결과, 세 번째 사업에서 간신히 성공할 수 있었고, 오늘에 이르고 있다.

평범이 비범이 되는 순간

나는 일상생활에서는 게으른 편이지만 일단 일에 관해서는 철저한 완벽주의자다. 따라서 부하나 사업 파트너에 대해서도 나와 같은 수준을 요구하여 자연히 높은 결과를 추구한다. 여기에 타협이란 있을 수 없다.

그런 이유로 사원도 해고했고 사업 파트너와도 소원해진 일이 여러 번 있었다. 프로로서 돈을 받고 일하는 이상 순간순간의 의사결정은 옳았다고 자부한다. 하지만 세월이 흐른 뒤 돌이켜보면 상대의 부족한 부분을 내가 충분히 보완하면서 함께 성장해가는 방법도 있지 않았을까 하는 생각이 든다. 이런 실패를 통해 나는 인재를 육성하는 데 필요한 인내력과 선택한 이상 마지막까지 관계를 유지하고 먼저 포기하지 않는 끈기를 키워야겠다고 새롭게 다짐한다.

사람은 무심코 성공만을 바라본다. 하지만 성공하려면 실패가 중요하다. 그 실패에서 무엇인가를 배우면 다음번에 반드시 활용할 수 있다. 성공한 사람들은 실패에 대한 처세술이 남다르다.

30대에 실패를 통해 얼마나 배웠는가, 그것으로 인생은 크게 달라진다. 실패를 분석하는 것으로 끝내는 것이 아니라 반드시 다음번에 활용할 수 있는 길을 모색해보자.

내가 평범하다는 것은 누구보다 자신이 잘 안다. 평범한 사람

이 조금이라도 앞서기 위해서는 자신의 실패에서 꾸준히 배우는

방법밖에 없다.

성공한 사람은
많은 실패를 경험한 사람이다.
실패에서 배운 '교훈'을 다음 무대에서 활용한다.

09 좋은 습관을 가져라

경영학의 대부 피터 드러커(Peter Drucker)도 성과를 올리기 위해 가장 중요한 것은 '습관'이라 말하였듯 30대에 '좋은 습관을 가지는가, 그렇지 않은가'로 그 이후의 인생이 크게 좌우된다.

모든 일이 그렇듯 하루아침에 좋은 습관을 만들 수는 없지만, 매일 착실하게 좋은 습관을 쌓아올릴 수 있다면 이는 성공을 위한 큰 무기가 될 수 있다. 아침형 인간이 되어 생활하든, 매일 운동을 하든, 근무 중 영어공부를 하든 단발로 실행에 옮길 수는 있어도 습관으로 매일 꾸준히 계속하는 것은 결코 간단하지 않다. 좋은 습관을 만들지 못한 것을 후회하는 인생 선배들이 수없이 많다.

옳은 방향으로 올바른 노력을 기울이고 있는가

20대에는 방향이 아직 정해지지 않았기 때문에 여러 가지 일들에 도전하면서 자신의 적성을 모색해야 한다. 어느 분야에 어떤 씨를 뿌릴지 시행착오를 하는 시기다. 따라서 좋은 습관을 갖고, 경험을 쌓기 위해서 일단은 도전해보는 것이 중요하다.

그러나 30대는 뿌린 씨앗을 크게 키워 열매를 맺는 시기로, 20대처럼 무턱대고 덤빌 것이 아니라 옳은 방향을 향하여 '올바른 노력'을 습관으로 쌓아가야 한다.

자신만의 시간을 확보하고 자기 성장을 스스로 컨트롤하는 것, 그것이 습관화의 가장 큰 목적이다. 30대는 정신 없이 바쁘고, 주변 환경도 눈알이 팽팽 돌아갈 정도로 빠르게 변한다. 특히 연애, 결혼, 출산, 승진, 이직, 육아라는 이벤트가 끊임없이 밀어닥치기 때문에 이 시기에 자칫 중심을 잃고 변화에 휘말리면 스스로 자기 성장을 컨트롤할 수 없게 된다. 야근에 회식에 집안일이나 육아에 시간을 빼앗기고 나면 자기 시간은 거의 없어진다.

한 번에 긴 시간을 가질 수 없어도 조금씩 자기 성장으로 이어지는 습관만 키운다면, '좋은 습관은 재능을 뛰어넘는다'는 말처럼 성과를 거둘 수 있을 것이다.

30대에 좋은 습관을 자신의 것으로 만들어야 하는 또 한 가지 이유는 마흔이 넘으면 기력도 체력도 약해지기 때문이다. 아직

30대인 당신에게 이런 충고를 해봤자 전혀 현실적인 문제로 받아들일 수 없을 것이다. 다만 나이를 먹을수록 어떤 노력으로도 쇠약해진 기력과 체력을 회복할 수 없다는 것만은 기억하길 바란다. 하고 싶은 일이 있어도 체력이 따르지 않으면 계속할 수 없기에 좋은 습관은 마흔이 되기 전에 완전히 자신의 것으로 정착시켜야 한다.

무조건 계속하기로 마음먹자

'일상생활 속에서 깨달은 것이 있다면 기록한다', '매일 행복했던 3가지 일을 적는다' 등 사람마다 좋은 습관으로 꼽는 것은 각기 다르다. 하지만 인생 선배들이 말하는 좋은 습관은 두 가지로 압축된다. '아침형'과 '독서'하는 습관이다. 나도 이 두 가지 습관을 실천하고 그 효과를 실감했다.

좀처럼 자기 시간을 가질 수 없는 직장인은 30대에 아침 시간을 활용하는 습관을 가지도록 한다. 아침 시간의 활용에는 크게 두 가지가 있다. 4~5시에 일어나 집에서 독서나 공부 시간으로 활용하는 사람과 이른 아침 6~7시에 출근하여 사무실에서 충분히 업무에 대하여 구상하거나 못 다한 일을 처리하는 사람으로 나눌 수 있다.

전자 중에는 매월 10~15권 정도의 책을 읽는다는 목표를 세우고 힘을 쏟는 사람이 많은데, 목표 달성을 명확한 수치로 파악할 수 있어 계속 이어갈 수 있다. 후자는 전화나 보고·연락·상담으로 업무를 중단하는 일 없이 효율적으로 일처리를 할 수 있다.

어느 쪽이든 습관이 되기 전까지 최대의 장벽은 '계속'하는 것이다. 애당초 굳게 마음먹은 것과 달리 많은 경우가 '작심삼일'로 끝나버린다.

많은 사례와 내 경험을 근거로 생각해보면 습관화를 위해서는 기한을 정하고 목표를 세우는 것이 가장 효과적이다. 일주일, 한 달, 석 달이라는 기한을 잡고 그것을 목표로 달성해나가는 것이 습관으로 만드는 최고 요령이다. 막연히 시작하면 도중에 귀찮아지기 때문에 날짜나 권수 같은 목표를 정하고 실천하도록 한다.

우선 기한을 정하고 목표를 세운 뒤
'아침형' 생활과 '독서'를 시작한다.

우연을 요령 있게 이용하라

우연에 대한 우리의 반응은 크게 두 가지로 나뉜다. 거의 신경 쓰지 않는 사람과 어떤 일의 기회로서 우연을 적극적으로 활용하는 사람이다.

짐작하고 있겠지만, 인생은 수많은 우연에 의해 이루어진다. 지금 내가 이렇게 책을 집필하고 있는 것도 과거 수많은 우연들이 쌓이고 쌓여서 이뤄진 결과다. 누구에게나 과거를 돌이켜보았을 때 '그때가 기회였다'고 느끼는 순간이 있을 것이다. 계획에 의해 주어진 기회는 아니지만 지금 돌이켜보면 기회였다고 말이다.

대부분은 우연히 일어난 사태에 당혹스러운 나머지 기회를 놓친다. 그것은 기회의 얼굴을 하고 찾아오지 않기 때문에 기회라는 것을 알지 못한다.

사람은 미리 생각하지 않은 급작스러운 일에 쉽게 대처하지 못한다. 훗날 당시를 떠올리며 왜 그때 적절하게 행동하지 못했을까 후회하지만, 머리로는 충분히 이해해도 뜻하지 않은 사건에 맞닥뜨리면 이내 불안을 느끼고 신중해지고 만다. 그러나 30대에는 우연을 요령 있게 이용할 필요가 있다.

나 자신도 30대에 찾아온 우연에 의해 인생이 크게 달라졌다.

인생을 바꿀 기회는 우연히 찾아온다

- 그저 시간을 때울 생각으로 들린 서점에서 《MBA-일본인 비즈니스 엘리트의 현실》을 집어들지 않았다면 MBA 유학을 결심하지도 않았다.

- 사이토 유타카(게임 크리에이터, 작가-역주) 군의 결혼식장에서 돌아오는 길, 후지하라 가즈히로 씨가 '자네, 지금 뭘 하고 있지?'라고 말을 건네지 않았다면 지금의 나는 존재하지 않을 것이다.

- 미국 비즈니스스쿨 도서관에서 사흘 늦은 닛케이 신문에서 '글로비스(GLOBIS)' 기사를 발견하지 못했다면 마

케팅 연수는 생각지 못했다.

- 영화 시사회에서 크리스마스트리 장식 일을 의뢰받지 못했다면 아내와 만나지 못했다.
- 후지하라 가즈히로 씨가 정신과 의사인 와다 유데키(和田秀樹) 씨를 내가 아닌 다른 사람에게 소개했다면 나는 평생 책을 출판하지 못했다.

모든 우연을 하나하나 꼽자면 지면이 부족할 정도다. 내 인생을 좋은 방향으로 이끌어준 포인트에는 반드시 우연이 존재했다. 우연에는 인생을 호전시킬 기회가 있다고 믿는다. 굳이 말하자면, 우연은 필연이다.

우연을 적극적으로 끌어안을 것

세상일은 생각대로 되지 않는다. 따라서 기회를 놓치지 않기 위해서는 우연한 일이나 예상 밖의 사건을 어떻게 대처하는지가 포인트가 된다. 달리는 전차에 올라타는 예상치 못한 사건의 연속이 바로 인생이지만 그중에는 순조롭게 잘 헤쳐나가는 사람이 있다. 그들은 공통적으로 몸을 사리지 않고 행동하여 우연히 일어난 사건에 대해서도 즉흥적으로 맞서 좋은 결과를 만들어낸다.

고교시절 읽은 책에 '인생은 우연에 의하여 궤도 수정된다'는 문구가 있었다. 당시 그 문장이 내 머릿속에 박혀 지금껏 생생히 남아 있다.

우연을 요령 있게 이용하는 방법은 먼저 우연을 긍정적으로 받아들이고 그 우연에서 이익을 얻을 수 있는 행동을 즉각적으로 하는 것이다. 기회는 누구에게나 찾아온다. 우연과 함께 찾아오는 그 기회를 반드시 잡아 인생에 힘을 보태자.

인생은 우연에 의하여 궤도 수정된다.
우연을 긍정적으로 받아들인다.

제 2 장

바쁘기만 한 것으로 끝나지 않기 위해,

일이 끝나며

절대적으로 필요한 것

11

커뮤니케이션 '하수'가 되지 마라

서른 이전에 주목받고 30대에 회사의 에이스라 불리던 사람이 마흔 이후에 꽃을 피워보지도 못하고 좌절하는 가장 큰 이유는 무엇일까?

그것은 리더로서 이끌었던 프로젝트의 실패도, 주요 고객의 클레임도 아닌, 대개가 커뮤니케이션의 문제에서 비롯된다. 커뮤니케이션의 중요성에 대해서는 수많은 책에서 다루고 있지만, 스스로 유능하다고 생각하는 사람일수록 그 장벽에 부딪힌다.

어째서 중요성을 인식하면서도 장벽에 부딪히는 것일까? 커뮤니케이션은 작업 효율을 높이거나 새로운 기획을 낳는 것과는 사뭇 다른 재능이기 때문이다. 혼자 노력하면 어떻게든 성공하는 업무능력과 달리 커뮤니케이션 능력은 상대의 입장을 상상하고 배려하면서 타인을 움직이는 기술이 요구된다. 커뮤니케이션 능력을 높이려면 표면적인 능력이 아니라 좀 더 대인관계에 민감해지고 사람과 깊은 관계를 형성할 필요가 있다.

서른 이전에는 어디까지나 팀의 일원으로 활약해주길 바라기 때문에 업무 처리속도가 중요하다. 이는 기술적인 능력으로 얼마든지 혼자 연마할 수 있다. 그러나 30대에 팀 리더가 되면 혼자 필사적으로 일하기만 해서는 주위와 아울러 성과를 내놓는 사람을 당해낼 재간이 없다. 이것이 일하는 방식에 있어 20대와 30대의 큰 차이다. 이제껏 우수하다고 인정받아온 사람일수록 점점 더 많은 일을 끌어안게 되고 여유를 잃는다. 혼자 힘으로는 한계가 있기 때문이다. 그 상황을 순조롭게 풀어가기 위해서는 팀원과 협력할 수 있는 커뮤니케이션 능력이 반드시 필요하다. 커뮤니케이션 능력이 관리력이기도 한 것이다.

많은 사람이 30대에 첫 부하직원을 두게 되는데, 지금 30대 중에는 유독 서툰 커뮤니케이션 능력 탓에 관리력을 걱정하는 사람이 많다. 그 상태 그대로 나이를 먹는다면 직장인으로서 언젠가 실패할 것이 자명하다. 비즈니스 인생의 막다른 곳에 몰린 인생 선배들의 후회를 통해서도 이를 명확하게 알 수 있다.

간혹 서툰 커뮤니케이션 능력을 자각하고 아예 관리직을 거부하는 사람이 있다지만 사실 어느 직위에 있든 커뮤니케이션 능력은 필요하다. 조직이라는 것은 사람들로 구성되어 있고, 어떤 일이든 파헤쳐보면 사람들과의 커뮤니케이션으로 이루어지기 때문이다.

커뮤니케이션은 관심에서 시작된다

커뮤니케이션이라는 것은 이른바 마음의 '수신'과 '발신'이다. 커뮤니케이션 능력을 높인다고 하면 단순히 화술을 연마하는 정도로 이해하는 경우가 많지만, 그보다 더 근본적으로 중요한 것은 상대와 시선을 나누고 배려하는 것이다.

부하직원에게 명령을 내리거나 어떠한 성과물을 끌어내기 위해서는 지시, 설명, 시사, 질책, 격려 등의 커뮤니케이션 양식을 사용해야 한다. 하지만 그에 앞서 부하직원이 평소에 어떤 사람인지, 현재 어떤 성장과정에 있으며, 업무적으로 어떤 장벽에 부딪혀 있는지 알려는 '관심'이 더 중요하다. 누구든 자신에게 무관심한 사람에게 본심을 이야기하지 않는다.

단순히 '전하는' 것뿐이라면 내용을 적절히 전달하는 화술만 있으면 충분하지만, 커뮤니케이션은 그런 것과는 다르다.

예컨대 커뮤니케이션의 내용에 따라서 다른 사람이 없는 장소에서 일대일로 대화를 나눠야 하는지, 모든 사람 앞에서 질책해야 하는지, 아니면 메일로 주고받아야 하는지를 판단해야 할 때도 있다. 직접 만나거나 전화로 해야 할 말을 메일로 전했다가 상대방에게 의미가 잘못 전달되어 곤란했던 경험이 누구나 한 번쯤 있을 것이다.

상대에 대한 관심이나 배려가 부족해 단순한 커뮤니케이션에서조차 잘못을 저지르는 사람은 아무리 유능하다고 해도 좋은 평가를 받을 수 없다.

커뮤니케이션은 상대에 대한 관심에서 시작하며 '시선 나누기'와 '배려'를 근간으로 적절한 수단과 적합한 양식을 선택하는 것이 원칙이다. 상대를 생각하는, 단순하지만 근본적인 인간미가 30대에는 강하게 요구된다. 그것을 깨닫지 못하고 대화기술만 연마하면 결코 주위 사람들을 움직일 수 없다.

커뮤니케이션은
입보다 눈과 마음으로!

12

사람들 앞에서 말하는 재능을 키워라

여러 사람 앞에서 이야기하는 재능을 키우지 못한 것을 후회하는 사람들이 적지 않다. 이 재능은 어느 연령에서든 필요하지만, 사실 30대에 가장 크게 키울 수 있는 재능이다. 그래서 숱한 기회를 놓치고 자신의 것으로 만들지 못해 후회하는 사람이 많다.

30대가 되면 후배나 팀원을 거느린 리더나 관리자가 되어 사람들 앞에서 말할 기회가 자연스럽게 증가한다. 또한 말하는 내용이나 화술로 사람들을 움직일 수 있다는 사실도 안다.

반대로 말에 깊이가 없으면 사람까지 깊이가 없다는 평가를 받거나 '언변이 약하다＝재미없는 사람'으로 인식된다.

중역이나 부장들 중에도 '이 사람이 하는 말은 도통 흥미가 생기지 않아. 어째서 이렇게 재미없는 얘기만 할까?' 하고 이상하게 생각되는 사람도 있는데, 그들이 어떤 직위에 있든 주위로부터 좋은 평판은 받지 못할 것이 분명하다.

상대를 움직이는 말을 가져라

한편 말재간이 좋은 사람은 그것만으로도 인망이 두텁고 신뢰를 받는다. 말을 잘한다는 것은 반드시 화술에 능한 것만을 가리키지 않는다. 소박하고 말수가 적어도 듣고 있자면 의욕이 불타오르고, 활력이 생기고, 마음을 끌어당기는 사람이 있다. 둘의 차이는 대체 무엇일까?

그것은 '자신의 말'을 가지고 있는가에 달려 있다. 물론 자신의 말이라도 어딘가에서 읽은 한 구절일지 모른다. 그러나 그 말에 자신의 경험과 감정을 실어 감정이 이입된 상태에서 말한다면 그것은 이미 '자신의 말'이다.

내 직업은 사람들 앞에서 말하는 것이다. 32세부터 18년간 사람들 앞에서 강연하는 것으로 먹고 살고 있으니 어떤 의미에서는 프로 강사다. 따라서 '사람들 앞에서 말한다'는 재능을 단련하는 데는 일가견이 있다.

사람들 앞에서 말하기 위해서는 자신의 말을 '의욕을 자극하는 한마디'로 만들어 상대의 의표를 찌르고 의욕의 스위치를 켤 수 있는 말로 승화시킬 필요가 있다. 왜냐하면 눈앞에 있는 상대를 뜨겁게 달구고 상대가 움직이도록 하기 위하여 이야기하는 것이기 때문이다. 우선은 상대를 움직이는 '자신의 말'을 갖는 것이 중요하다. 그것은 큰 무기가 된다.

말에도 기승전결이 있다

예컨대 20대 영업자를 위한 영업 연수에서 나는 자주 피터 드러커의 명언을 인용한다.

'영업에는 적성이 없다.'

많은 사람이 영업이라는 일로 방황하고, 혹시 자신은 영업에 맞지 않는 게 아닐까 고민한다는 것을 잘 알고 있기에 일부러 이 말을 인용한다. 이어서, 세일즈에 최선을 다했지만 아무것도 팔지 못한 영업자의 이야기나 정비사로 일하다가 자동차 세일즈맨으로 직장을 옮겨 최고 세일즈맨이 된 내성적인 사람의 이야기를 풀어놓는다. 그리고 마지막으로 '영업은 연기다. 따라서 유능한 영업자처럼 연기하라'는 말로 청중을 사로잡는다. 결국 영업에 적성 따위는 없다는 피터 드러커의 말로 주의를 모으고, '영업은 연기'라는 말로 납득시키는 것이다.

당신이 책을 읽거나 다른 사람의 이야기를 들으면서 마음에 꽂힌 말들은 모두 '의욕을 자극하는 한마디'가 된다. 거기에 당신의 감정을 이입하기만 하면 자신의 말이 되는 것이다.

사람들 앞에서 말할 때 중요한 것은 듣는 사람의 마음을 움직이는 것이다. 멋진 말로 청중을 사로잡으려고 하기보다는 의욕을 자극하는 문구를 모아 그것을 전할 방법을 생각해야 한다.

본래 사람들 앞에만 서면 지나치게 긴장해 목소리가 떨리는 사람일지라도 진심으로 자신이 공감한 문구를 말한다면 상대를 움직일 수 있다. 사람을 움직이는 것은, 언어다. 우선은 그 말을 찾는 것부터 시작해보자.

화술이 아니라 상대를 움직일
'의욕을 자극하는 문구'를 갖는다.

13

잡담이라고 얕잡아 보지 마라

잡담은 출세를 위한 커뮤니케이션 능력과도 밀접한 관련이 있다. 비즈니스의 토대가 되는 30대에 잡담력을 키우지 못해 후회하는 사람들이 있다.

이는 오로지 성실하기만 해서는 성공할 수 없다는 것을 상징하는 것 같아 흥미롭다. 비즈니스도 '사람 대 사람'으로 성립되는 것이고, 개인적으로도 이야기가 재미있으면 인간관계를 형성할 때 매우 유리하게 작용하는 게 분명한 사실이다.

나의 직장생활은 리크루트의 신규사업부 신규개발 영업부터 시작되었기 때문에, 사실상 첫 관문이 '잡담'이었다. 최소 하루

세 건의 약속을 잡고 고객을 방문한다. 내친 김에 그 근처에 있는 회사 몇 곳을 무작정 방문하는 것이 나의 일과였다.

후배나 팀원이 생겨 그들을 지도하는 입장에 섰을 때도 '잡담력'으로 신입 혼자서 고객을 방문해도 좋을지 여부를 판단했다. 잡담으로 어색함을 지우고, 처음 만나는 사람과 자연스럽게 20분이든 30분이든 이야기를 할 수 있는가를 판단 기준으로 삼았다.

실속 있는 잡담을 하라

고객을 방문하면 거의 대부분 잡담으로 이야기가 시작된다. 명함을 교환하고 인사를 나눈 뒤에 이어지는 잡담이 계약을 성사시키거나 안건으로 이어지기 위한 모든 열쇠를 쥐고 있다고 해도 과언이 아니다.

기껏 잡담이라며 얕잡아봐서는 안 된다. 만일 잡담이 본론을 위한 포석 정도라 생각한다면 지금 당장 생각을 고쳐먹는 게 좋다. 물론 아이스 브레이크(처음 만나는 사람 사이에 어색함을 없애기 위한 작업─역주)적인 요소가 다분히 있기는 하지만, 그것으로는 결실 있는 잡담력을 키울 수 없다.

잡담의 목적은 '본론으로 이어가기 위한' 것이 아니다. 오히려 잡담을 통해서,

결국 잡담은 자연스럽게 이런 것을 파악하는 것이 핵심이다. 폭넓은 정보를 입수하기 위한 수단이며, 나아가 잡담을 통해서 인간관계가 서서히 형성되기도 한다.

'오늘은 무척 덥네요.'
'정말 그렇군요.'

그렇다고 위와 같은 무의미한 잡담으로는 목적을 달성할 수 없다. 잡담을 어떻게 시작하면 좋을까? 여기에는 기본이 되는 세 가지 이론이 있다.

먼저 '상대가 기뻐할 화제'를 던지는 것이다. 회사, 신제품, 접수처에 있는 여직원의 상큼한 대응 등 무엇이든 좋다. 상대방이 좋아하는 것들을 조사하고 탐구하고 관찰하여 찾아낸다. 그런 수고를 아껴서는 안 된다.

두 번째는 소박한 의문을 던지는 것이다. 처음 방문하는 곳이라면 회사명이나 로고의 유래, 눈에 띈 것을 물으면 될 것이고, 정기적으로 방문하는 회사라면 개발 경위나 타사 동향, 업계의 최근 핫이슈를 물으면 될 것이다.

세 번째는 공통 화제를 던지는 것이다. 과거에는 야구, 종교, 정치 이야기는 잡담으로 적합하지 않다고 지적되어 왔다. 그러나 야구에 관해서는 휴대폰 고리 같은 사소한 액세서리를 통해서도 어느 구단의 팬인지를 알 수 있기 때문에 만일 같은 구단의 팬이라면 화제로 올려도 좋다.

우리 집은 4대가 타이거즈 팬인데 상대가 타이거즈 팬인 것을 알면 반드시 야구를 화젯거리로 삼는다. 횟집에서 에나츠 유타카(江夏豊, 일본 전 프로야구선수―역주)를 만나 사인을 받았던 이야기나 메이지 신궁 구장에서 앞좌석으로 날아든 파울볼을 그 좌석에 앉아 있던 아저씨가 받아 아들에게 주었던 에피소드를 들려주면 분위기는 금방 좋아진다. 그 외에도 낚시나 축구, 아마추어 야구나 애완견 등 공통의 취미가 있으면 인간관계는 자연히 깊어진다.

여기에 잡담의 세 가지 이론을 보완하는 방법으로 '조금 과장된 반응'에 대해서도 소개하고 싶다. 짐짓 일부러 그러는 듯이 보일 수 있지만, 일단 상대가 기분 좋게 이야기할 수 있도록 "그래서 어떻게 되었어요?"라고 묻는다.

야처럼 이야기가 좀 더 깊고 넓게 전개될 수 있는 질문이나 맞장구로 추임새를 넣는 것은 매우 중요하다. '나는 흥미롭게 당신의 이야기를 듣고 있다'는 분위기를 전할 수 있다. 그런 의미에서 잡담은 상대가 기분 좋게 이야기할 수 있는 여흥 같은 것이다.

수신과 발신이라는 측면에서 말하자면 좀 더 주의를 기울여 '수신'하고, 상대가 관심있게 들을 만한 화제로 '발신'하지 않으면 잡담은 성립되지 않는다.

잡담은 여흥이다.
잡담의 목적을 달성하기 위하여
'세 개의 이론'을 익힌다.

14

회사나 상사의 본심이 무엇인지 깊이 사고하라

30대가 되면 후배나 팀원이 생기고 리더로서 일하는 경우가 많아진다. 그중에는 과장이나 매니저로 승진하는 사람도 있어 부장과 현장의 틈바구니에서 옴짝달싹 못하고 회사와 고객 사이에서 어찌할 바 몰라 당황하기도 한다.

서른 이전에는 직책도 가볍기 때문에 고객과의 대응에 어려움을 겪어도 사내에서 팀원이나 상사 사이에 끼어 처신에 어려움을 겪는 일은 거의 없다. 따라서 이러한 문제는 30대가 되어 비로소 직면하는 문제라 할 수 있다. 게다가 30대가 되면 회사나 상사의 속내와 방침을 잘 생각한 뒤에 부하를 납득시켜야 하는 고민스러운 상황과도 자주 직면한다.

조직 안에는 현실적으로 그러한 양면성이 존재한다. 그런 조직 논리를 이해하지 못했던 것을 많은 인생 선배가 후회한다. 사례를 통해 회사의 겉과 속마음을 다르게 읽을 줄 알기 바란다.

어디까지나 실적으로 평가받는다

2월 중순의 어느 날, 중견회사의 기간사업부에서 영업 매니저로 일하는 A씨가 영업부장의 호출을 받았다. 입사 이래 영업을 텃밭으로 삼아 고객의 사랑도 듬뿍 받고 있던 A씨의 영업실적은 늘 최고였다. 선배로서 후배도 잘 보살폈기 때문에 아랫사람들도 잘 따르고 있었다.

사소한 잡담이 오가고 영업부장이 담담한 어조로 그에게 판매촉진과로 이동할 것을 전했다. 부하직원도 없는 자리로 말이다. A씨는 재작년 4월에 33세의 나이에 매니저로 승진했지만, 이례적으로 단 2년 만에 매니저에서 물러났다. 소위 좌천에 가까운 인사였다.

A씨가 이끄는 영업팀은 작년에 목표한 실적을 달성하지 못했고 분명 올해도 목표의 80퍼센트에 그칠 것이라고 예견되어 있었다. 그러나 A씨의 팀 실적이 작년은 물론 올해도 부서에서 최

하위는 아니었고, 무엇보다 신규개척을 강조하는 회사 방침을 가장 잘 따라 부서 내에서 가장 공헌도가 높다고 자부했다. 그래서 A씨로서는 마른하늘에 날벼락이 아닐 수 없었다. 부장은 차분히 감정을 누르고 그 이유를 설명하기 시작했다.

그가 좌천된 이유는 두 가지였다. 첫 번째는 신규개척 중시라는 방침에 따라 일한 것은 좋았지만 그 결과 기존고객에 대한 대응이 소홀해져 큰 고객 두 곳의 매출이 절반으로 뚝 떨어지고 말았다는 것이었다. 두 번째는 팀원을 육성 강화라는 방침에 따른 것은 좋았지만 플레잉 매니저(부하직원을 육성하고 지도하는 매니저로서의 역할과 매출에 공헌하는 현장 담당자로서의 역할을 동시에 맡는다-역주)로서 팀원에게 과제를 과중하게 떠넘겼다는 지적이었다.

백지장처럼 새하얘진 A씨의 얼굴을 본 부장이 강한 어조로 말을 이어갔다.

"알겠나, 자네? 조직의 속내와 방침을 분명히 이해해야 했어. 신규개척이라는 건 기존고객의 실적을 확고히 유지한 이후에나 있는 거야. 기존고객의 매출이 떨어져도 좋으니 신규를 늘리라고 말하는 경영자는 없을 테니까!"

회사의 속내를 파악하는 것도 능력이다

A씨는 팀원에게 회사의 방침을 충분히 납득시켜야 했다. 기업의 속내를 파악했더라면 팀원들에게 무리하게 기존고객의 견적의뢰와 납품관리로 바쁜 와중에도 신규개척으로 20퍼센트의 매출을 확보하라는 지시를 내리지 않았을 것이다.

한편, 그는 자신의 실적만을 생각하여 팀원 관리에 소홀한 선배들을 많이 봐온 터라 자신이 매니저가 되면 확실히 팀원들을 육성하고 관리해야겠다고 굳게 다짐했었다. 그래서 무리하게 일을 시켜 원성을 사고 싶지 않다는 마음이 앞선 나머지 실적이 떨어지는 팀원을 눈감아주기도 했다. 그러나 회사나 상사의 속내는 어디까지나 실적이다. '실적이 최고!'라는 사실을 한시라도 빨리 깨달았어야 했다.

이처럼 겉으로 내세우는 방침만을 그대로 받아들이면 나중에 생각지 못한 보복을 받고 후회한다. 반드시 조직의 속내를 분명히 이해해둘 필요가 있다. 단, 속내가 무엇인지 얘기해달라며 직접적으로 물을 수도 없는 일이라 평소 이루어지는 커뮤니케이션 속에서 추측하는 수밖에 없다. 연장자나 멘토라 불리는 제3자의 의견을 구하는 것도 방법 중 하나다.

서른 이후에는 상사나 회사의 속내를 파악하기 위하여 주의를 기울이자. 그런 것은 좀처럼 남이 가르쳐주지 않지만, 인생 선배들의 후회담은 분명 어떤 조치를 취해야 한다고 조언하고 있다.

20대의 수습기간에 축적한 재능을 마음껏 발휘하여 30대에는 실적을 쌓는다. 30대의 10년으로 인생이 큰 차이로 업그레이드 된다는 이야기는 프롤로그에서 했는데, 구체적으로 어떤 업무 능력에 대하여 후회가 집중되고 있을까?

현저히 많은 사람들이 '진행력'을 키우지 못한 것을 후회했다. 30대 중 실적이 높은 사람과 낮은 사람을 비교해보면 큰 차이를 보이는 것이 업무 진행력이다. 이 능력을 30대에 크게 성장시킨 사람은 이후 실무능력이 확연히 달라진다.

많은 이들이 진행력의 중요성은 이미 이해하고 있지만, 사실

성과를 내는 사람과 그렇지 못한 사람은 진행력에 대한 인식부터 상당히 다르다. 진행력은 단순히 일의 순서를 정하고 그대로 행하는 것만을 말하지 않는다. 가장 중요한 포인트는 '우선순위'를 결정하는 방식이다.

이해하기 쉽게 요리를 예로 들어 설명해보자. 일 잘하는 사람과 서툰 사람의 차이는 요리 잘하는 사람과 그렇지 못한 사람의 차이와 매우 흡사하다.

요리 잘하는 사람은 착착 조리하고 손놀림이 좋아 눈에 띈다. '맛있게 먹는다'는 최종 목표를 위하여 어떤 우선순위로 무엇을 해야 하는지를 생각한다. 예를 들면 아래와 같은 우선순위 결정이 이루어질 것이다.

- 따뜻한 차는 따뜻할 때 마시는 것이 좋으니 나중에 만든다.
- 반대로 소고기조림은 시간을 들여 소스의 맛이 스며들어야 하니 먼저 만든다.
- 마찬가지로 한소끔 끓여 맛이 배어들어야 하는 음식은 먼저 만들었다가 나중에 따뜻하게 데운다.
- 고기나 생선처럼 막 구워냈을 때 맛있는 것은 맨 마지막에 조리한다.

- 된장국이나 수프처럼 다시 데워도 맛있는 것은 먼저 만들어둔다.
- 샐러드처럼 차가운 음식은 맨 처음 채소를 썰어 차게 해둔다.

이런 순서대로 요리하면 빠르게 만들 수 있다. 이 같은 요령은 일에도 그대로 적용된다.

무엇을 어떻게 할까

어떤 일을 성공시키려면 프로젝트 달성을 목표한 날로부터 거꾸로 계산해 할 일을 전부 시뮬레이션하는 과정이 중요하다. 이를 위해 해야 할 업무를 세밀하게 분해할 필요도 있다. 하지만 진행에서 가장 중요한 것은 순서를 정하고 묵묵히 해내는 것이 아니다. '무엇을 하는가, 어떻게 하는가'를 생각하며 일하는 것이다.

요리할 때도 '나중에 할까, 먼저 할까'를 메뉴에 따라서 생각하는 것이 맛있는 요리를 위해서 무엇보다 중요하다. 그를 위해 눈앞에 놓여 있는 것이라도 뒤로 미루거나 마지막에 만들 요리를 위해 미리 식재료를 썰어둘 필요가 있다.

세밀하게 업무를 분해하고 그것을 하나씩 해나간다는 것은 시간적으로 충분히 여유가 있는 사람이 아니면 실제로는 불가능하다. 프로젝트의 성과를 창출하기 위하여 '무엇을 해야 하는가', '어떤 순서로 해나가야 하는가'와 같은 과정을 음미할 필요가 있다.

30대에 성공의 상승기류를 탄 사람과 그렇지 못한 사람은 '무엇을 하는가, 어떻게 하는가'에 있어 그 내용이 전혀 다르다. 일 못하는 사람은 공통적으로 '무엇을'의 핵심을 파악하지 못하고 '어떻게'도 좀 더 좋은 방법을 모색하지 못한다.

옛날부터 '일은 바쁜 사람에게 부탁하라'는 말이 있는데, 일 잘하는 사람은 평균적인 능력을 가진 사람보다 단연코 업무량이 많다. 그 때문에 과중한 업무량을 소화하는 가운데 보다 효율적이고 효과적인 일처리 방식을 늘 모색하고 시행착오를 겪는다. 그로 인해 업무의 질적 향상을 가져와 높은 성과를 낳는다. 닥치는 대로 일을 처리하는 것이 아니라 성과로 연결시키기 위해 우선순위를 결정하는 방법을 자연히 배우는 것이다.

칼로 재료를 잘게 써는 손놀림이 아무리 훌륭해도 눈앞에 보이는 재료들을 써느라 몇 시간을 써버리면 그 사이 음식은 식어버린다. 정작 음식을 먹을 때 식어 제맛을 음미할 수 없다면 결국 '요리를 잘한다'는 평가를 받지 못한다.

일에서 성과를 얻기 위해서는 여러 가지 일 중에서 우선순위를 파악하고, '무엇을 하면 좋은가, 어떻게 하면 좋은가'에 대하여 끊임없이 고민해야 한다.

빠른 사람 VS 성과를 내는 사람

단, 진행력을 키우기 위해 자기 멋대로 일처리 방식을 고안하는 것은 결코 권하고 싶지 않다. 무턱대고 일처리를 하면 업무 속도나 효율성을 높일지는 모르지만 성과를 낳는 진행력이 개선되지는 않기 때문이다.

따라서 회사에 있는 멘토나 롤모델을 발견하고 그를 모방하도록 한다. 진행력은 일련의 업무 흐름 속에서 이해되어야 한다. 성과를 만들어내는 사람을 흉내 내는 것부터 시작하는 것이 진행력을 습득하는 가장 빠른 지름길이다.

롤모델은 일처리가 빠른 사람이 아니라 성과를 만들어내는 사람이다. 일 하나하나가 빠르다고 해서 결코 큰 성과로 이어지지는 않는다. 성과는 진행력으로 만들어진다. 롤모델은 성과를 낳기 위해서 무엇을 취하고 무엇을 버리는지까지도 살펴보고 흉내 내면서 배우길 바란다.

과거 리크루트에는 '보통 기업이 1년 동안 하는 일을 3개월에 한다'는 발상을 가지고 있어 '달리면서 생각하는' 풍토가 있었다. 지금 생각해보면 '맹렬히 살아왔구나' 하고 감탄이 절로 나온다. 그런 환경 속에서 키워온 진행력이 나의 인생을 크게 바꿔놓은 것은 분명하다.

방대한 업무량을 끌어안고 진행력에 의지해 성과를 창출한다. 일 하나하나를 업무기술로 파악하려고 하면 진행력을 키울 수 없다. 많은 인생 선배들이 30대에 획득했어야 했다고 땅을 치며 후회하는 능력이기에 주요 업무능력으로 습득하도록 한다.

성과를 창출하기 위해서
'무엇을 할까, 어떻게 할까'로
우선순위를 결정한다.

16

'척'하는 사람이 되지 않는다

어린 시절 할아버지가 '기회의 신'에 대한 이야기를 들려준 적이 있다. 기회의 신은 앞머리만 있고 뒤통수에는 머리카락이 한 올도 나 있지 않아서 뒤에서는 잡을 수 없다는 이야기였다.

결국 기회라는 것은 준비하고 기다리지 않으면 결코 잡을 수 없고, 뒤늦게 기회인 것을 깨닫고 뒤쫓아 잡으려 해도 한 번 달아난 기회는 잡을 수 없다는 의미다. 어릴 때는 단순히 그런 정도의 이야기로만 들었는데, 쉰을 눈앞에 둔 시점에서 생각해보니 실로 절묘한 표현이라 감탄사가 터져나온다.

기회라는 것은 누구에게나 똑같이 찾아온다. 기회를 살리지 못하는 것은 아무 준비도 되어 있지 않기 때문이다. 준비하지 않고서는 기회가 왔다는 것조차 깨닫지 못한다. 그 기회를 놓쳐버린 것에 대하여, 기회라는 사실을 깨닫지 못한 것에 대하여 많은 인생 선배들이 얼마나 후회하고 있는지…….

게다가 기회는 30대를 절정으로 마흔을 넘기면 점차 줄어들고, 일부의 사람에게만 편중되어 주어진다. 연애나 결혼의 기회는 20~30대에 집중되어 있고, 특히 30대에 찾아오는 결혼이라는 기회에 적절히 대응하지 못하면 이후 기회가 줄어들어 후회하게 된다.

현실에 눈을 크게 뜨는 법

그렇다면 기회를 잘 잡아 활용하는 사람과 그렇지 못한 사람의 차이는 대체 어디에 있는 것일까? 그것은 명석한 두뇌와 무관하다. 기회를 좀처럼 잡지 못하는 사람에게 보이는 공통점은 '척'하는 태도다. 영리한 척, 유능한 인재인 척, 잘난 척하는 사람은 자신을 그럴 듯하게 보이기 위해 신경을 곤두세우고 있기 때문에 직면한 현실에 적절히 대응하지 못한다. 코앞에 기회가 왔어도 그것을 깨닫지 못한다.

척하는 사람이란 바쁜 척, 강한 척, 중요한 인물인 척하는 사람으로, 주위에서는 그와 적당한 거리를 두려고 하기에 기회와 만날 횟수도 당연히 줄어든다.

명석하고 스펙도 좋은데 좀처럼 성공의 싹을 틔우지 못하는 사람 중에는 이렇듯 척하는 사람이 많다. 마찬가지로 스스로 결정하지 못하는 사람, 실패를 극도로 두려워하는 신중파, 타인을 믿지 않는 사람도 기회를 놓칠 가능성이 매우 높다. 눈앞에 놓여 있는 기회를 '기다렸다'는 듯이 덥석 잡아채는 사람을 '좀 생각해 보자'며 주저하는 사람이 당해낼 재간은 없다.

기회다 싶으면 덥석 물어라

기회를 활용하는 비결은 단순하다. 주저하지 말고 덥석 물고 세밀한 것은 나중에 생각한다는 자세가 기본이다. 물론 말로는 쉽다. 그래서 많은 사람이 기회를 덥석 물지 못해 후회한다.

내가 단행본을 출판할 기회를 잡은 것도, '기회다 싶으면 덥석 물어라'는 선배들의 가르침이 의식 어딘가에 맴돌고 있었기에 가능했다. 나는 출간 제안을 받기 전까지 책을 출간하고 싶다는 마음을 가져본 적이 없었다. 그러던 어느 날 어느 출판사 편집자의 전화를 받았다.

"'리크루트 방식'이라는 기획이 이미 편집회의에서 통과되어

저자를 찾고 있습니다. 혹시 당신이 원고를 집필해주실 수 있습니까?”

선배들을 제치고 경력도 짧은 내가 책을 쓰다니 건방진 짓이 아닐까, 하는 생각이 들었지만, ‘법인 영업에 관한 내용이라면 한 번 해보자’ 하고 흔쾌히 제의를 받아들였다. 이때 불안을 느끼고 신중했거나 거드름을 피우며 바쁜 척했다면 이런 기회는 두 번 다시 찾아오지 않았을 것이다.

그 책은 7쇄를 거듭하며 많은 사람들에게 읽혔고, 그것이 계기가 되어 이후 10권이 넘는 책을 출간할 수 있었다. 책을 출간하면서 내게는 많은 변화가 일어났다. 그 변화는 물론 예기치 않게 찾아온 기회를 덥석 잡은 것에서 비롯되었다.

기회는 누구에게나 찾아온다. 내게만 유독 많은 기회가 주어졌다고는 생각하지 않는다. 중요한 것은 기회를 살리기 위하여 평소 준비할 것. 그리고 주저하지 말고 뛰어들 것!

30대는 가장 많은 기회가 찾아오는 시기다. ‘기회의 신’이 다가올 때 앞머리를 덥석 잡을 수 있도록 평소 준비해두자.

17

조직 안에서 '자신'을 관철하라

1장에서 인간관계를 형성할 때의 '부정의 토네이도'에 대하여 다뤘다. 자신의 실력을 발휘하여 성과를 올리는 데 집중해야 하는 30대에 조직 안에서 피어오르는 부정적인 분위기에 사로잡히는 사람이 있다.

직장인에게 회사는 하루 중 거의 대부분의 시간을 보내는 곳이다. 그런데 부정적인 풍토에서 계속 일하다 보면 이후의 인생에 또렷이 나쁜 영향을 미친다.

인원이 줄어들고 숨 돌릴 틈 없을 만큼 업무가 늘었지만 5년 전이나 똑같은 방식으로 일하는 조직, 늘 바쁘다는 말을 입에 달고 살지만 성과는 없는 리더, 근본적인 개선이 필요하다는 사실은 알지만 책임지기 싫어서 그저 잠자코만 있는 조직원들. 여기에 공적을 뺏기지 않기 위해 정보를 혼자만 알고 있는 얌체 같은 동료, 부하가 만든 발표 자료의 사소한 문구까지 시시콜콜 걸고 넘어지는 상사까지. 유감스럽지만 개인의 성장을 저해하는 풍토가 여전히 조직 내에 남아 있다. 그런 풍토는 반드시 팀원들에게 전염된다.

리더라면 팀 분위기에 책임을 져야 한다

부정의 토네이도에는 미치지 않았다고 해도 '집단적 무책임'에 오염되어 '열심히 할 것 없이 평소대로만 해'라며 현상유지에 급급한 소극적인 풍토의 조직도 많다. 그러나 그런 부정적인 분위기나 소극적인 분위기에 20대가 영합하는 것과 30대가 영합하는 것은 전혀 의미가 다르다.

20대는 어디까지나 수습기간이기 때문에 부정의 토네이도에 관해서도 그저 방관자에 지나지 않는다. 조연이기에 직장의 분위기를 형성할 만한 발언권이 아직 주어지지 않았다. 그러나 30대는 다르다. 30대는 책임지고 현장을 이끌어가는 리더로서 부정적이고 소극적인 분위기를 만들 수도, 반대로 건설적인 분위기를 인생 선배들도 직장이나 팀 내에 피어오르는 부정의 토네이도를 경험했다. 특히 회사의 방침이나 목표를 두고 부정적인 의견에 휩쓸렸던 것을 후회하는 사람이 많다. 주위를 설득할 논리나 비전, 리더십이 부족한 탓에 자신의 뜻을 관철하지 못하고, 부정적인 의견을 불식시키지 못해 팀을 건설적인 길로 이끄는 데 실패했던 것이다. 인생 선배들은 발전적인 방향으로 조직을 이끌고자 한 본래 자신이 갖고 있던 '축'이 다른 집단에 의해 흔들리고 말았다며 아쉬워했다.

자신의 생각을 관철시키지 못한 아쉬움은 10년, 20년 후에도 후회로 남는다. 부정적인 사람들의 말이나 팀의 분위기 때문에 흔들렸던, 그래서 조직에 변화를 일으키지 못한 자신을 부끄러워하는 것이다.

무언가를 이루고 싶다는 결심

그렇다면 흔들리지 않는 굳건한 축을 갖기 위해서는 무엇이 필요할까? 그것은 '뜻'이다. 가슴속 깊이 품은 뜻과 현재의 자신을 연결한 선이 비즈니스맨의 성장곡선이다. 뜻이 높을수록 우리는 더 많이 성장할 수 있고, 주위에 긍정의 에너지를 안겨준다.

당연한 이야기지만 강한 뜻은 우리를 매일 성장케 하고, 자신이 꿈꾸는 미래의 모습을 향하여 나아가는 원동력이 된다.

뜻을 굳이 다른 말로 설명한다면 일이나 조직, 회사나 고객을 통해서 '무언가를 실현하고 싶다, 이루고 싶다'는 간절한 마음이다. 또한 감정의 에너지로, 이 세상에 태어난 의미, 자신의 존재 이유라는 말로도 바꿀 수 있다. 반대로 목표를 잃었을 때 우리는 우울한 아우라를 내뿜는 사람으로 전락한다.

사람들은 '꿈을 이룬 모습'보다 '꿈을 향해 가는 모습'에 더 크게 공감한다. 따라서 30대에 높은 뜻을 세우고 긍정의 토네이도에 주위를 끌어들여 최고의 성장곡선을 그려야 한다.

자기 안에 흔들림 없는 '축'을 갖기 위하여
그 위에 뜻을 세운다.

바른 노력을 하라

30대를 되돌아보고 '노력했다, 그러나 성과를 올리지 못했다'며 후회하는 중장년이 절반을 넘는다.

30대를 숨가쁘게 열심히 노력하며 살아왔지만 생각처럼 성과를 올리지 못하고 '좀 더 잘할 수 있을 거라 생각했는데 겨우 어건가' 하는 무기력에 사로잡힌 40대가 너무 많다. 그리고 그들은 훗날 시간이 흘러서 자신이 30대이던 시절에 하찮은 일에 시간과 노력을 쏟았다는 사실을 깨닫는다. 그들은 '쓸데없는 일에 시간을 낭비했다', '선택과 집중에 실패했다'라며 후회했다. 노력은 많이 했지만 올바른 노력이 아니었기에 결실을 맺지 못했던 것이다.

에너지를 어디에 쏟고 있는가

30대가 되면 자신의 업무에 능숙해지고 나름의 업무 방식도 확립한다. 그런데 거기에는 함정이 있다.

성공한 사람들은 바른 일에 시간과 수고를 아끼지 않는데, 그것이 '바른 노력'이다. 우연히 성공한 것이 아니라 꾸준한 노력이 뒷받침되었기에 가능했던 성공이다. 반면 많은 사람들은 반드시 최적이라 할 수 없는 방법으로 막대한 시간과 에너지를 소비한다.

바른 노력이라는 것은 '선택과 집중'이다. 성과로 이어지는 일을 선택하여 그것에 집중적으로 많은 시간을 투자해야 한다. 눈앞에 닥친 일이지만 그리 중요하지 않은 일에 휘둘러서는 안 된다. 그런 일에 기울인 노력은 성과로 이어지지 않는다. 자신에게 자극을 주는 노력도 중요하지만, 30대에는 무엇보다 성과를 내놓아야 하기에 자칫 잘못된 노력은 후회를 남긴다.

구체적인 사례로 살펴보자. 예컨대 시스템 개발 프로젝트의 매니저는 노력의 방향이 잘못되면 시스템을 영원히 완성시키지 못한다. 그로 인해 막대한 적자가 야기되고, 최악의 경우 손실배상의 책임까지 짊어지게 된다.

시스템 개발은 통상 '계획→안건 정의→실행'의 과정으로 진행되며, 프로젝트의 성패 여부는 계획 단계에서 결정된다고 봐도 무방하다. 이때 업무 일정 및 개발 범위, 인력 확보, 비용 배분, 개발 환경 등을 정하게 되는데, 이 단계에서 매니저는 인력 확보에 총력을 기울여야 한다.

시스템 개발에서 문제가 발생하면 '불을 토한다'는 말로 표현한다. 프로젝트가 불을 토하면 단시간에 불을 끄기 위하여 유능한 매니저는 1차적으로 진화 가능한 인력을 즉시 투입한다.

반대로 그 불을 큰 불로 만드는 매니저는 인력 투입으로 새롭게 비용이 발생하는 사태를 피하려다가 대처가 늦어진다. 그러는 중에 대형 화재로 발전한다. 결과적으로 문제를 해결하기 위하여 더 많은 시간과 노력어 소모되고 만다.

쓸데없는 일은 과감히 버려라

영업을 예로 들면, 솔루션 영업이나 제안 영업의 핵심은 '어떻게 접근할 것인가'와 '듣기'에 있다. 통상 '접근 준비→접근→듣기→제안·프레젠테이션→클로징→지원'의 과정을 거치는데, 수주 여부는 '접근 준비'와 '듣기'에서 100퍼센트 결정된다.

그런데 무능한 영업자는 '프레젠테이션에서 꺾였다', '가격에서 밀렸다'고 말한다. 어느 방향으로 자신의 노력을 기울여야 하는지 전혀 알아차리지 못하는 것이다.

승부는 고객과의 대화를 주고받는 가운데 얼마나 많은 정보를 끄집어낼 수 있는가에 달려 있다. 고객의 현재적·잠재적 문제점과 기대치를 파악하고 무엇을 통해 얼마나 만족시킬 수 있을지 가늠해야 한다. 그것을 깨닫지 못하면 프레젠테이션 능력을 아무리 갈고닦아도, 낮은 금액을 제시해도, 수주에 이르지 못한다.

결과는 어떤 것을 선택하여 얼마만큼 집중하는가에 달려 있다. 그러나 많은 사람들은 일상의 잡다한 일들에 쫓기고 치여 중요하지 않은 일에 많은 노력을 쏟는다. 이것이 훗날 후회를 낳는 씨앗이 된다.

머리로는 '선택과 집중'의 중요성을 충분히 알면서도 결연히 잡무를 떨쳐버리지 못하면 아무래도 상관없는 일들에 쫓기듯 살게 된다. 결과물을 만드는 사람은 항상 무엇이 중요하며 어떤 것이 성과로 이어지는지를 알고 있어 거기에 자신의 힘을 집중시킬 수 있다.

그것을 깨닫지 못하면 성실하게 매일 밤새워 노력해도 결과를 내놓을 수 없다. 이미 그것을 알고 있는 사람은 얼핏 불성실한 듯 보여도 올바른 노력을 기울이는 방법을 알고 있기에 결과를 내놓을 수 있다.

그 어떤 연령대보다 30대는 성과를 내놓아야 하기 때문에 선택과 집중을 분명히 의식하고 쓸데없는 일은 과감히 버릴 필요가 있다. 노력은 방향성이 틀리면 자기만족으로 끝나버린다.

노력하기 전에
무엇이 가장 중요한지를 파악하고
거기에 집중한다.

공사구별의 선긋기를 하지 마라

조금 의외라 생각할지 모르지만 공적인 생활과 사적인 생활 사이에서 명확히 선을 그은 것을 후회하는 사람이 많았다. 그것은 공사구별의 선긋기가 결과적으로는 좋지 않았기 때문이다.

공적인 생활과 사적인 생활을 구별한다는 것은 직장에서 개인적인 이야기를 하지 않고, 일을 집에 가져가지 않으며, 퇴근 이후에 직장 동료와 절대 만나지 않는다는 것이다. 또 휴일 회사 행사에는 참가하지 않거나, 퇴근 이후에는 업무에 관해서 일절 생각하지 않는 등의 사고방식을 의미한다.

버블세대나 1945년 이전에 태어난 세대는 오히려 공사 혼동의 경향이 강하다. 종신고용으로 고용자를 지켜주던 회사를 가족처럼 생각했지만, 지금 마흔 전후의 세대부터는 공사구별의 선긋기가 분명히 존재한다.

그런데 그 세대 중에 선긋기가 결과적으로 좋지 않았다는 사실을 깨달은 사람들도 많다. 현실적으로 그 세대 중에 공적으로 승진이나 승격이라는 목표를 달성하고 사적으로도 충실한 생활을 보내는 사람은 공사구별의 선긋기를 한 사람이 아니라 일과 생활이 뒤섞인 공사 혼동형의 사람이었다.

실제로 30대에 연봉이 800만 엔을 넘는 직장인은 원래 공사구분이 애매하거나 거의 하지 않는다. 책임이 막중한 현실이 그 선긋기를 용납하지 않기 때문이기도 하다.

일과 개언 생활 모두 충실하고 싶다면

공사구분을 하지 않는다는 말은 일과 사생활 모두에서 최선을 다하고 있다는 뜻이다. 결코 365일, 24시간, 일만 한다는 의미가 아니다. 30대에 성과를 창출하는 사람은 결코 일만 하지 않는다. 그들은 공통적으로 업무적인 일은 물론 개인적인 생활에서도 최선을 다한다. 그로 인해 개인적으로 체험한 것을 업무에 도입하고, 업무 경험에셔 얻은 것을 생활에 활용하기도 한다.

예컨대 일 잘하는 사람은 육아도 진심으로 즐긴다. 물론 대단한 노력이 필요한 일이지만 육아를 통해 일에 도움이 되는 아이디어를 얻기도 하고 아이를 통해 지역주민과 돈독한 관계를 형성하여 업무적으로 유익한 인맥을 얻기도 한다.

상사나 부하직원과의 관계에서 얻은 노하우를 부부간의 커뮤니케이션이나 육아에 활용하기도 한다. 거래처 사람과 퇴근 후 함께 시간을 보내다가 지금까지 알지 못했던 상대의 모습을 보게 되어 속마음을 터놓고 지내는 관계로 발전하기도 한다.

온 힘을 다해 질주하기

일과 사생활을 철저히 분리하는 선긋기는 양쪽 생활에 브레이크를 밟는 일이다. 브레이크를 밟는 순간 '온 힘을 다한다'는 느낌이 사라진다. '일과 사생활의 조화'를 추구하는 것도 좋지만 균형만 의식하면 최선을 다할 때 느껴지는 희열과 활력을 얻을 수 없다. 일과 사생활 모두에서 만족할수록 우리 내면에서는 활력이 뿜어져 나오고 그때 상승효과를 발휘할 수 있다. 공과 사를 구분하는 습관은 이러한 활력을 떨어뜨리고 성장을 방해한다.

물론 휴식을 취할 수 있는 세계를 갖는 것은 중요하다. 하지만 30대는 공사구분의 선긋기를 하기보다 양방향으로 온 힘을 다하여 가속 페달을 밟아야 한다.

상사나 동료의 눈치를 보면서 신경질적으로 공사구분의 선긋기를 하는 세심한 삶보다 공사구분을 하지 않고 온 힘으로 질주하는 굵직한 삶이 40대 이후에 더 크게 빛를 본다. 일은 물론이고 개인적인 삶에서도 충실한 인생을 보낼 수 있다고 인생 선배들은 조언한다.

공사구분의 '선긋기'보다 '강약 조절'이라는 의식으로 일과 직장생활을 헤쳐나가는 게 좋지 않을까. 30대에 힘껏 가속 페달을 밟아 실적을 쌓고 이후의 인생을 결실 있고 충실하게 만들자.

20

'대량행동'을 하라

20대의 대량행동과 30대의 대량행동은 다소 의미가 다르다. 일이든 공부든 운동이든 '양'이냐 '질'이냐를 놓고 논쟁이 끊이지 않지만 나는 '양질전환'이라 하여 양적인 변화가 질적인 발전을 가져온다고 믿는다. '질'을 추구하려면 결코 '양'을 간과해서는 안 된다.

영어를 꾸준히 1,000시간 넘게 들은 시점에서 갑자기 영어가 들리기 시작하고, 골프 스코어 100을 넘기기 위해서는 2톤 트럭 한 대분의 공을 쳐야 한다. 일도 마찬가지다. 시스템 개발자는 시스템 엔지니어가 되기 전에 프로그래머로서의 업무량을 달성해

야 한다. 영업자의 실적이나 성장도 '방문 건수×모든 방문 횟수
×제안 수'의 총량으로 결정된다. 설계나 기안 업무도 양적인 기
준을 먼저 달성한 사람 순으로 성과를 내놓는다. 대량행동을 통
해 제 몫을 하는 일꾼으로 성장하는 것이다.

직장인은 대개 20대 수습기간에 대량행동을 거쳐 양적으로나
질적으로 충분히 경험한 뒤, 30대에 이르러 본격적으로 활약하
게 된다. 이때 양과 질 사이에서 균형을 잡고 파도타기를 잘하지
않으면 그대로 물속으로 빠지고 만다.

행동하지 않으면 얻는 게 없다

30대는 어느 정도의 업무 능력과 경험이 생겨서 요령 있게 일
처리를 할 수 있다. 그런 까닭으로 이론만 잘 알지 좀처럼 행동하
지 않는 사람이 많아진다.

사고와 행동은 마치 자전거의 두 바퀴 같아서 어느 한쪽이라
도 없으면 안 된다. 그런데 20대 때는 좋든 싫든 행동을 강요받
지만 30대는 자주적으로 판단해야 하는 일이 증가한다. 그때 행
동을 경시하거나 생각만으로 '어떻게든 되겠지' 하는 잘못된 판단
을 하는 사람이 많다.

무의식적으로 생각은 얼마든지 반복할 수 있지만 행동은 의식

하지 않으면 '대량'이 되지 않는다. 그러나 성공한 사람은 보통사람과 달리 대량행동에서 큰 차이를 보인다. 생각하는 것보다 먼저 움직이고, 멈추지 않고 늘 행동한다. 그것은 성공한 사람에게는 너무도 당연한 일이다.

자기 자신을 끝없이 넘어서라

많은 선배들이 후회하고 있듯이 30대에 토대를 만들기 위해서는 '대량행동'이 매우 중요하다. 귀찮음과 수고로움을 떨치고 행동하기 위해서는 더 높은 곳을 향하는 향상심을 가슴 깊이 품어야 한다. 의식적으로 타인과 비교하는 것이 아니라 자신과 비교함으로써 늘 스스로 최선을 다하도록 한다.

타인과 비교하면 '낫다' 혹은 '못하다'는 결론으로 끝나기 일쑤지만, 스스로 최선을 다하기 위해 의식하는 동안에는 대량행동이 오래도록 지속되기 때문이다.

행동이 따르지 않는 사람은 후퇴를 면할 수 없어 반드시 후회한다. 극단적으로 말하면 유능한가, 무능한가, 출세할 수 있는가, 그렇지 못한가의 분수령이 되는 것은 30대에 얼마만큼 최고가 되기 위하여 대량행동을 하였는가에 달려 있다.

마흔 이후의 인생을 풍요롭게 보내기 위해서라도 대량행동을 잊지 말고 기필코 실행으로 옮겨라.

최고의 자신이 되기 위하여
멈추지 않고 늘 행동한다.

최고의 자신이 되기 위하여
멈추지 않고 늘 행동한다.

자기 시간을
확보하라

21

30대가 되면 일에서 한시도 눈을 뗄 수 없을 만큼 핵심적인 역할이 맡겨진다. 사람에 따라서는 리더로서의 업무나 관리업무를 겸임한다.

또한 개인적으로 결혼, 출산, 육아라는 인생의 획기적인 이벤트가 이어지기에 공적으로든 사적으로든 자기만의 시간을 확보하는 데 어려움을 겪는 시기이기도 하다.

과거에도 그랬지만, 오늘날에도 40~50대가 되면 '30대에 시간을 좀 더 갖고 무언가에 매진했더라면 좋았을걸……' 하며 공사다망했던 생활에 얽매여 하염없이 흘러버린 세월을 안타까워하는 사람들이 많다.

바쁘다는 말을 입에 달고 산다면

나 자신도 30대에 사업을 시작하고 결혼, 출산(물론 애를 낳은 것은 아내지만), 육아를 모두 경험했기 때문에 나만의 시간을 확보하기 위해 온갖 지혜를 짜낸 사람 중 한 사람이라 자부한다.

예전에 출판했던 《40대를 후회하지 않는 50가지 리스트》에서 소개한 '주말 시간 활용법'은 주말을 6칸으로 구분하여 시간을 보내는 방법으로 호평을 받았다. 토요일과 일요일을 '오전', '오후', '밤'으로 나눈다. 예컨대 토요일 오전, 오후에 골프를 치러 갔다면 밤에는 나의 공부시간으로 정한다. 다음 날 일요일 오전, 오후는 가족에게 서비스하며 시간을 보내고 밤에는 역시 나의 공부시간으로 정한다. 처음부터 6칸으로 구분하여 계획을 세울 수 있어서 하염없이 주말을 보내지 않는다.

30대는 40대보다 더 많은 시간을 개인적인 일에 할애할 수 있어야 한다. 단순히 일만 하는 것이 아니라 많은 시간을 가정에 할애해야 한다. 그래서 '6칸 주말 시간 활용법'보다 더 많은 자기 시간을 확보하는 데 효과적인 '주 26칸 활용술'에 대하여 소개할까 한다.

26칸이라 하면 얼핏 복잡하게 들릴지도 모르지만, 간단한 방법이다. 월요일부터 금요일까지 평일 5일을 '아침시간', '통근시간', '점심시간', '밤시간'(4칸)으로 나눈다. 4칸×5일로 20칸이 된다. 거기에 주말 6칸을 더하면 한 주 동안에 총 26칸이 된다.

일주일을 26칸으로 나눠서 '시간표'를 작성하고 행동하는 것이다. 여러 가지 시간 활용술이 있었지만 실제로 꾸준히 실행하는 데 도움이 된 것은 평일을 4칸으로, 휴일을 3칸으로 나눈 '주 26칸 활용법'이었다.

1시간이나 90분 단위로 나누는 방법도 있었지만 시간을 세밀하게 나누는 방식은 꾸준히 지속할 수 없었다. 예컨대 나는 30대 무렵에 '아침시간'에 느긋하게 신문을 읽고, '출근시간'에는 가볍게 스포츠신문을 읽고, 돌아오는 '퇴근시간'에는 MD플레이어를 이용하여 영어를 듣는 습관을 가졌다.

나만의 시간이 주는 효과

바쁠 때는 이른 아침에 출근하여(6~7시) '아침시간' 2~3시간을 나만의 시간으로 확보하고 여유롭게 생각하거나 5시 반에 일어나 출근하기 전에 집에서 일하기도 했다. 점심시간은 기본적으로 60분인데 식사를 10분 만에 끝내고 나머지 50분 동안 책을 읽거나 그 외의 일을 하면서 나만의 시간으로 사용했다. 잔업은 밤시간이 아닌 아침시간에 처리하여 '밤시간'을 모조리 공부시간으로 사용했다. 한때는 여기에 집중이 잘 되는 시간을 고려하여 시간표를 작성한 적도 있다. 아침에 일찍 일어나지 못하면 억지로 일찍 일어날 필요 없이 다른 시간대를 유용하게 활용한다.

30대라면 일하지 않는 시간은 어떻게 활용할 것인가? 그것이 그 사람의 성장을 좌우한다고 해도 과언이 아니다. 아침시간을 활용하자는 의견도, 주말 시간을 활용하자는 의견도 건재하다. 여하튼 생활 동선에 따라 시간을 확보할 수 있는 여지를 발견하고 요령 있게 자기 시간을 갖는 시간 관리자가 되어 보자.

하루는 24시간으로 누구에게나 동일하게 한정되어 있다. 누구나 순간순간 그 시간을 유효하게 사용하고 싶지만 원하는 대로 되지 않는 생활이나 습관 때문에 좌절한다. 너무 세부적인 스케줄을 계획하느라 스트레스부터 받지 말고 우선 6칸 주말시간 활용법만이라도 실천해보자. 공사다망한 30대이기에 어떤 식으로든 시간 관리를 하지 않으면 결코 자기 시간을 만들 수 없다.

22

연봉을 높이도록 노력하라

많은 기업은 20대 사원의 연봉에 그다지 차등을 두지 않는다. 연봉의 본격적인 차이는 30대에 벌어지기 시작한다. 한편 30대가 되어도 수입보다 일하는 보람에 집착하는 사람도 많다.

원래 '돈'에 지나치게 집착하는 것을 꺼리는 사람도 적지 않다. 연봉을 올리기 위하여 노력한다는 발상 자체가 아예 없거나 뒷전으로 미룬다. 그러나 가정을 일구고 주택을 장만하고 육아 문제를 끌어안고 자녀의 장래를 생각한다면 '연봉'은 누구에게나 큰 현실의 장벽으로 다가오기 마련이다.

2011년판 〈어린이 · 육아백서〉에서는 20~30대 남녀의 80퍼센트 이상이 결혼을 희망하고 있지만 현실적으로 30대 전반까지 결혼하는 사람은 남성의 50퍼센트, 여성의 70퍼센트에 그치고, 남성의 기혼율은 '연봉 300만 엔'을 경계로 상승한다는 보고가 있다. 결혼조차도 '연봉 300만 엔' 이상이니 주택이나 육아 문제가 더해지면 배 이상의 금액이 될지도 모른다.

자신이 버는 돈에 집착하라

실제로 현실적으로 인생설계를 하다보면 최저 500~600만 엔이 넘는 연봉이 필요한데도 많은 인생 선배들은 바쁜 일상에 쫓겨 연봉을 올리기 위하여 따로 노력하지 않았다고 후회했다.

요즘은 연봉보다 '일하는 보람'이나 '자기 실현'을 우선시하는 젊은 사람들이 증가하고 있다. 하지만 20~30년 전에 그런 삶을 지향했던 현재 40~50대 선배들은 경제적인 이유로 좌절하고 결코 세상이 만만치 않다며 입을 모아 후회하고 있다.

물론 돈이 모든 것일 리 없고, 젊은 시절에는 돈보다 경험을 쌓는 게 중요하다. 하지만 인생의 토대가 되는 30대에 자신이 버는 돈에 집착하지 않으면 나중에 크게 후회한다. '의식주가 부족하지 않아야 비로소 예절을 안다'는 말도 있듯이 경제적인 여유가 여러 가능성을 열어주는 것은 자명한 사실이다.

나는 어린 시절부터 '꿈이 밥을 먹여주지 않는다'는 말을 귀가 따갑도록 들으며 자랐지만, 입사 당시에는 내 연봉이 얼마인지조차 제대로 몰랐다.

그런데 바로 다음 해에 연봉을 높이기 위해 노력해야 한다는 사실을 깨달았다. 리크루트에 입사한 1년째부터 열혈 영업자로 변모하여 한눈 한 번 팔지 않고 오로지 실적만 쌓아올린 결과, 지금으로부터 25년 전 신입이던 나의 연봉은 600만 엔을 넘었다. 물론 성과급제는 아니었다.

그러나 2년째 되던 해에 기본급을 보고 나는 샐러리맨을 그만 두기로 결심했다. 영업 실적이 내 절반밖에 되지 않는 동기와 비교하여 백 수십만 엔밖에 차이가 나지 않았던 것이다. 최고 영업자가 되고 싶어서 몸이 가루가 되도록 일한 결과가 겨우 '백 수십만 엔의 차이'라니 너무도 어처구니가 없어서 긴장의 끈이 툭 끊어지고 말았다.

그때 우연히 서점에서 MBA 관련 도서를 발견하였다. MBA 학위 보유자가 외국계 회사에서 받는 연봉이 2,000만~3,000만 엔이라는 내용을 읽고 이왕 하는 일이라면 그쪽으로 가는 게 낫지 않을까 진지하게 고민했다. 그 후 MBA 유학을 거쳐서 사업을 시작하고 온갖 역경을 경험했지만 40대인 지금은 20대에 받던 연봉의 10배를 벌고 있다.

원하는 연봉 액수를 적어보자

여기서 내가 하고 싶은 말은 내게 재능이 있었다거나 죽을 만큼 노력했다거나 하는 자기 자랑이 결코 아니다. 나는 내가 지극히 보통사람이라는 것을 잘 안다. 그러나 다른 사람과 다른 점은 인생 선배들의 가르침을 듣고 30대에 연봉에 집착했다는 점이다.

자신의 연봉이 2,000만 엔이나 3,000만 엔이 될 리 없다며 지레 포기하고 있지는 않은지 스스로 돌아보기 바란다. 하지만 내 주위 사람 중에서 3,000만 엔이나 5,000만 엔, 1억 엔의 연봉을 목표로 노력한 사람은 대개 그 목표를 달성하였다. 그들은 연봉에 집착하고 높이기 위해 노력했다.

연봉 3,000만 엔이 피부에 와 닿지 않는다면 일단 당신이 현실적으로 느낄 수 있는 '원하는 연봉'을 정해보자. 그 액수를 명확히 하는 것부터가 시작이다.

원하는 연봉을 얻기 위한 토대를 30대에 만들어야 한다. 바로 이 기간에 자신의 연봉에 집착하지 않으면 이후에는 도저히 높일 수 없기 때문이다. 연봉이라는 자신의 시장가치를 눈앞에 두고 '이직 혹은 독립을 할까?' 아니면 '몸담고 있는 회사에서 출세할까?'를 고민해야 한다. 선택지는 제각기 다를 테지만 30대에 행동하지 않는 사람은 마흔 이후에 반드시 후회한다.

하고 싶은 일이 산더미처럼 많아도 자금이 없다면 아무것도

하지 못한다. 인생 선배들의 후회는 그 사실을 슬프도록 상기시
킨다. 더 늦기 전에 지금부터 의식적으로 자신이 버는 돈에 관심
을 가져보자.

제 3 장

인생을 좌우하는
결단을 내리기 전에
알아두어야 할 것

23 | 이직,
실무능력을
숫자로 파악하라

30대의 이직은 결혼이나 출산만큼이나 인생의 획기적인 사건이 아닐까 싶다. 이직에 가장 알맞은 나이는 1위가 30~34세, 2위가 35~39세이기도 하여 30대가 되면 자연히 이직으로 고민하지 않을 수 없다.

지금 40~50대 중에는 30대 때에 이직했어야 한다고 후회하는 사람이 상당수 있다. 그러나 어처구니없게도 고민 끝에 굳은 결심을 하고 30대에 이직을 감행했음에도 불구하고 '이직 같은 건 하지 말았어야 했다'며 후회하는 사람도 있다. 이직을 하든 안 하든 후회가 남지 않으려면 어떻게 해야 할까?

좋은 이직과 나쁜 이직

나는 원래 이직 정보나 이직을 지원하는 리크루트 회사에서 일했기 때문에 지금까지 희비가 교차하는 사례를 수없이 보아왔다. 이직은 크게 '긍정적인 이직'과 '부정적인 이직'으로 나눌 수 있다.

물론 커리어를 쌓고 한 단계 성장하는 것을 목표로 하는 긍정적인 이직이 좋다는 것은 두말할 나위도 없다. 그러나 직장의 인간관계가 싫거나, 상사와 맞지 않아서 '부정적인 이직'으로 도망치는 일도 현실에서는 분명 존재한다. 긍정적인 이직의 결과가 반드시 좋은 결과로 이어진다고 단정할 수는 없다. 또 부정적인 이직의 결과가 예기치 않게 커리어 향상이라는 절호의 기회가 되어 좋은 결실을 맺기도 한다.

동기가 무엇이든 결과로서 이직이 긍정적이 될지 부정적이 될지는 이지할 때의 능력에 좌우된다. 30대의 이직에 있어 중요한 것은 '실무능력'이다. 여기에 자신감이 없다면 어디에 가든 잘해 나갈 수 없다. 따라서 이직을 준비한다면 실무능력을 키우는 것부터 시작해야 한다.

대학을 졸업하고 입사한 업계 5위 기업에서 동종업계 최대 기업으로 가거나 업계 3위 기업에서 유명한 외국계 컨설팅 기업으로 옮긴 경우도 드물지 않다. 20대에 기초 업무력을 갖추고, 30대에 성과를 내어 이직하는 패턴은 앞으로 더욱 증가할 것이다.

지금 하는 일을 숫자로 표현하라

실무능력을 키우기 위해서는 업계 최고 기업이든 10번째 기업이든 상관없다. 오히려 대기업은 업무가 세분화되고, 단시간에 자리가 교체되기 때문에 실무능력을 충분히 쌓을 수 없다. 그렇다면 어떻게 실무능력을 단련할까?

먼저, 자신의 실무능력을 하나하나 종이에 적는 것부터 시작해 보자. 번호를 붙여가며 일일이 사소한 것이라도 좋으니 일단 많이 적고 '정량화'로 수치화한다.

예컨대 36개월 이상 프로젝트 매니저로 일한 경험이 있다거나 제안서를 2시간 반 만에 작성했다 같은 항목을 나열한다. 그러고 나서 회사가 중요시하는 5가지 항목을 선택한다.

그 5가지 항목의 업무에 관하여 자신보다 일처리를 빨리 하거나 탁월한 성과를 내는 사람의 수를 세어보고, 자신의 순위를 기록한다. 이 순위를 4분기로 나눠서 작성하고 순위를 높이기 위해서는 무엇을 보고 들어야 하는지, 어떻게 하면 좋은지를 생각하고 실행한다.

해야 할 일을 5가지로 줄이고 타인과 비교하여 자신이 조금 앞설 방법을 생각하는 것이 중요하다. 실무능력은 현장에서 성과를 낳기 위해 필요한 재능이다. 이 분야라면 절대로 지지 않는다는 강점을 단련하고, 거기에 초점을 맞춘다. 그리고 잘하는 사람

막연히 고민만 해서는 결과를 얻을 수 없다. 서툰 것을 버리더라도 자신이 잘하는 것에 초점을 맞추고, 재능에 있어서 자신이 부족한 부분을 솔직히 직시한다. 성장하기 위해서는 타인보다 자신과의 비교가 중요한데, 실무능력을 높이기 위해서는 주변에 있는 우수한 사람을 철저하게 벤치마킹하고 흉내 낸다. 그 사람보다 어느 부분이 약한지, 무엇이 다른지를 늘 의식한다.

물론 이처럼 실무능력을 단련한 뒤에 하는 긍정적인 이직이라도 역시 이직에는 '주저함'이 뒤따른다. 지금 몸담은 직장에서도 보람이나 만족할 수 있는 자리가 있을 것이고, 이직하는 곳이 나쁘지 않아도 역시 불안이 말끔히 해소되지는 않는다.

이 주저함에 대하여 인생 선배들은 좋은 교훈을 남겨주고 있다. "긍정적인 이직의 경우는 '망설여진다면 전진하는' 편이 후회가 적다는 것. 전진하는 것도 결단이고, 그곳에 머무르는 것도 결단이다."

24

사업은 가치관을 명확히 알고 시작하라

직장인들은 자주 회사를 위해 '고용살이'를 한다고 말한다. 그 반대어는 독립하여 '한 나라의 국왕이요, 한 성의 성주'가 되는 것인데 30대에 자기 회사를 설립하길 바라는 사람은 어느 시대에나 많은 법이다.

그러나 리스크가 높기 때문에 스스로 그 첫걸음을 내딛지 못하거나 가족의 반대에 부딪혀 실행에 옮기지 못하는 경우가 많다. 인생 선배들은 생각으로만 그쳤던 일을 후회하고 있었다. 행동하고 실패한 것에 대한 후회가 아니라 행동에 나서지 못한 것을 후회했다.

지금 하는 일에서 도망치고 싶은가

요 몇 년 사이에 회사 설립 환경도 꽤 많이 달라졌다. 통계적으로는 불경기의 영향도 있어 회사를 설립하는 것 자체가 감소하는 경향이 있지만, 프리랜서에 대한 관심이나 소규모 창업에 대한 요구가 높아져 창업을 생각하는 젊은 층은 증가하고 있는 것 같다.

남들보다 뛰어나서 회사를 설립하는 것이 아니라 삶의 방식으로 '자유'를 추구하거나 조직 안에서 장기의 말처럼 일하기보다 자신의 정체성을 지키고 자기 능력으로 살아가려는 젊은 층이 증가하고 있는 것이다.

그러나 한편 요즘 대학생들 사이에서는 안정을 지향하는 성향이 더욱 강해지고 있어 회사 설립과 안정지향이라는 양극화가 진행되는 것 또한 사실이다. 공무원 시험에 몰두하는 대학생이 늘어나는 현상도 이 때문이다.

경제 위기와 장기 불황에 시달리는 불안정한 시대이기에 모험이냐, 안정이냐 하는 상반되는 욕구를 끌어안고 살아가야 하는지도 모르겠다. 이런 혼란 속에서 사업을 할지 고민하는 사람은 어떻게 결단을 내리면 좋을까?

나는 사업을 하기에 적합한가의 여부는 자신의 인생을 얼마나 구체적으로 이미지화할 수 있는가에 달려 있다고 생각한다.

- 무엇을 손에 넣고 싶은가?
- 무엇을 달성하고 싶은가?
- 무엇을 할 때가 가장 행복한가?
- 어떻게 살면 가장 행복한가?
- 이 세상에 태어난 의미는 무엇인가?

이런 것을 30대에 어디까지 구체적으로 이미지화할 수 있는가? 여기에 직업설계, 인생설계도 절대로 빠뜨릴 수 없다.

당연한 말처럼 들릴지 모르지만, 창업을 생각하는 대부분의 사람들은 눈앞에 있는 사업계획이 성공할까, 실패할까를 두고 고민한다. 혹은 현재 자신이 몸담고 있는 세계에서 단지 도망치고 싶은 마음으로 창업을 고민하며 시간을 보낸다.

하지만 사업을 시작할지 말지를 놓고 고민할 때는 철저하게 자신의 가치관을 재발견하고 거기서 답을 찾아야 한다. 그 역시 자기 내면만을 파헤치는 것이 아니라 타인과 적극적으로 접촉하고 외부 세계에서 자신을 찾아내야 한다.

내게 있어 가장 중요했던 가치관은 '자유'였다. 사실 대학 2학년 무렵부터 기업가로서 살고 싶다는 생각을 했다. 그래서 가능한 한 빨리 실무능력이나 인맥을 손에 넣을 수 있는 회사로 일본에서 가장 '자유'로운 리크루트에 졸업하자마자 입사했다. 그럼

에도 불구하고 나는 자유롭지 못했다. 자유를 추구하는 내게 일자리를 내어줄 회사 따위는 이 세상에 존재하지 않는다는 것을 20대 중반에 이미 깨달았다.

리크루트에서 샐러리맨 생활을 경험하면서 내가 좋아하는 고객과 좋아하는 일을 하면서 흡족한 보수를 받으려면 회사를 차려 내 일을 시작하는 길밖에 없다고 깨달았다.

1994년 1월에 창업했지만, 당시는 거품붕괴 이후의 불경기로 경제가 밑바닥을 치는 상황이었다. 회사등기를 내기 위해 방문한 공증소에서 초로의 직원이 "젊은 분이 용케 이런 시기에 창업을 하셨군요"라는 감탄의 말과 더불어 "오히려 경쟁도 적고 진짜만이 살아남는 좋은 시기일지도 모르니 모쪼록 힘내세요"라고 격려해주어 가슴이 뭉클했던 기억이 있다.

물론 그 시절에는 '실패하면 어쩌지…….' 하는 불안으로 견딜 수 없었다. 매상이 오르지 않는 가운데 경비로 나가는 돈이 매월 50만 엔이나 되는 현실에 직면했다. 창업한 지 반년이 지났을 무렵에는 매일 밤마다 적의 군함에 육탄방어로 맞서는 특공대원의 모습이 머릿속에 반복적으로 떠올랐다.

한 살이라도 젊을 때 흑백을 가리자

그러한 불안함은 있었을지언정 그 무렵 내게 주저함 따위는 없었다. 회사를 설립한 것을 후회하지도 않았다. '자유'를 손에 넣기 위해서는 내 사업을 시작하여 성공하는 수밖에 없다는 사실을 알았기 때문이다. 나에게 있어 '자유'는 반드시 손에 넣어야 할 중요한 삶의 가치였다. 실제로 회사라는 조직에서 일하면서 '자유'의 소중함을 더 뼈저리게 깨달았다. 내가 바라는 삶의 구체적인 모습을 그릴 수 있었기에 사업을 계속할 수 있었다.

만일 자신의 인생설계를 구체적으로 이미지화할 수 없다면 회사 설립은 포기하는 것이 좋다. 회사를 설립하고 원활히 가동하기 위해서는 어느 정도 시간이 걸리기에 이미지화하지 못한 사람은 도중에 반드시 무너지고 만다.

반대로 구체적인 이미지를 그릴 수 있다면 절대적으로 도전할 것을 권한다. 후회하는 사람의 대부분은 행동하지 못했던 것을 아쉬워하고 있기 때문이다.

30대는 인생을 좌우할 만큼 중요한 시기이지만 인생을 완결하는 시기는 아니다. 얼마든지 다시 시작할 수 있다. 내가 사업을 결심하고 행동으로 옮길 때까지 끊임없이 생각한 것은 '어서 흑백을 가리자'는 거였다. 실패하면 리크루트의 최고 영업자, 미국 MBA 학위 소지자라는 두 가지 타이틀을 무기로 외국계 회사에

재취업하여 고액의 연봉을 받으며 일한다는 두 번째 계획을 실행에 옮기면 될 일이다.

성공하든 실패하든 상관없다, 서둘러 결론을 내리자. 당신이 회사를 설립해야 할지를 놓고 고민하고 있다면 가급적 빨리 행동으로 옮기고 만일 실패로 끝난다면 다른 선택지를 실행에 옮겨 다른 커리어를 쌓으면 될 것이다. 30대에는 이것이 얼마든지 가능하다.

무엇이든 행동하지 않고 머릿속으로만 하염없이 생각했다가는 후회의 씨앗을 남기게 된다. 흥미로운 창업 아이디어가 있다면 철저히 준비하고 행동으로 옮겨야 한다. 시장이나 고객이 답을 내어줄 것이다. 그리고 도전에 대한 대가는 당신이 생각한 것 이상으로 클 것이다.

사업을 하고 싶다면
가치관을 명확히 하고 구체적인 이미지로
결단한다.

25

일에서 '좋은' 부분을 발견한다

뭔가를 만드는 것이 좋다면 제조사의 엔지니어로, 책이 좋다면 출판사의 편집자로, 사람이 좋다면 사람을 상대하는 서비스업으로 일한다. 이렇듯 자신이 '좋아하는' 것을 기준으로 일을 선택하는 것이 가장 이상적인데, 그런 선택을 하지 못한 사람이 의외로 많다.

취업 빙하기에 처음부터 자신이 좋아하는 일을 할 수 있는 업계나 직종, 회사에 취직한 사람은 다행이지만, 대부분의 사람들은 그렇지 못하다. 제2지망, 제3지망, 제4지망으로 점차 자신이 하고자 했던 일과는 먼 일자리를 얻는다.

게다가 커뮤니케이션에 서툴러 시스템 엔지니어로, 사무직에 안 맞아 영업으로, 영업이 싫어 사무직으로 정한다. 더 좋아하는 것을 찾기보다는 하기 싫은 일자리를 하나씩 제외하는 방법으로 결정하는 것 또한 현실이다.

지금 하는 일에서 답을 찾는 법

30대는 왕성히 일하는 시기로 실적이 요구된다. 따라서 하고 있는 일에서 즐거움을 얻을 수 없다면 불행할 수밖에 없다. 이렇게 말하는 내게 전문분야인 '법인영업'이 좋으냐고 묻는다면 나 또한 한마디로 '좋다'고 선뜻 대답하기 어렵다.

과거 리크루트에서 영업자로 일하던 시절을 돌이켜봐도 공들인 수주를 따냈을 때의 기분이나 전국 최고 영업자로 선정되었을 때의 성취감은 단순히 '좋다'는 말로는 표현할 수 없다. '좋다'는 감정을 훨씬 뛰어넘는, 눈부신 결과에 이르기까지 땀과 눈물로 가득한 지독히도 힘든 고행의 연속이었다. 그래서 과정을 즐긴다는 생각을 단 한 번도 해본 적이 없다. 죽을 만큼 힘들어 내일 지진으로 도쿄가 완전히 사라져버렸으면 좋겠다는 생각마저 했을 정도다.

그때 내 손아귀에 10억 엔, 아니 5억 엔이라도 있었다면 절대로 영업 따위는 하지 않았을 것이다. 그러나 좋든 싫든 리크루트에서 실적을 남기지 않는 한 내 인생은 아무것도 시작되지 않으리라는 것을 잘 알고 있었다. 30대의 승부는 여하튼 실적을 남겨야 비로소 승리할 수 있기 때문이다.

따라서 크게 뭉뚱그려 '영업이 좋은가?'라고 묻는다면 지금도 두말 않고 '좋다!'고는 대답할 수 없다. 그러나 영업 과정 중 '기획서 작성'이나 '제안서 작성'에 관해서는 가슴이 벅차오를 만큼 '대단히 좋다!', 영업론도 망설임 없이 '매우 좋다!'고 말할 수 있다.

요컨대 영업이라는 일 중에서도 영업의 작용원리를 밝히는 과정이 좋다. 나는 30대에 내가 어떤 일을 좋아하는지를 알았다.

100퍼센트 좋아하는 일이란 없다

남의 떡이 커 보이는 심리 때문에 다른 직업을 동경하거나 자신이 어떤 일을 좋아하는지 좀처럼 깨닫지 못한 채 시간을 보내는 사람들이 많다. 그렇게 눈앞에 놓인 일에 치여 20대를 보낸 사람은 서른을 넘기면서 '이대로 살아도 될까?' 하는 막연한 불안감을 느낀다.

30대가 갖는 불안감이란 주위와 차이가 벌어지고 자신이 무능한 것은 아닌지 고민하는 데에서 비롯된다. 그때에 '좋아하는' 일을 하지 않고 있다면 중심이 흔들릴 가능성이 매우 높다. 40대에 이런 고민을 한다면 너무 늦다. 결국 30대에 결론을 내리는 수밖에 없다.

처음부터 좋아하는 일을 할 수 있다면 다행이지만, 만일 그렇지 않다면 의식적으로 '좋아하는 일'을 만들어내야 한다. 내게 있어 영업은 힘든 일이었지만 그 가운데 '좋아하는' 부분을 발견하였기에 독립한 31세부터 오늘날까지 천직으로 생각해올 수 있었다.

30대라면 어떤 일이든 그 일 자체를 '좋다', '싫다'는 차원에서 생각하는 것이 아니라 '이 일의 어디가 좋은가?'라는 발상으로 전환해야 한다. 그리고 좋아하는 부분을 확대시킨다.

30대에는 자신이 하는 일 중에서 재미있고 좋아하는 부분을 발견해야 한다. 그것을 찾아내지 못하면 '내게는 어떤 일이 맞을까?'라는 생각을 끝없이 하게 되고 근본적인 물음 앞에서 절망할 수밖에 없다. 아직까지 직업 자체를 바꾸면 정말 즐거운 인생이 될 것이라고 꿈꾸고 있지는 않은지 스스로 돌아봐야 한다. 어떤 일도 자신에게 완벽히 맞고, 늘 가슴 뛰는 행복감을 줄 수 없다는 사실을 받아들여야 한다.

30대는 앞을 향해 나아가지 않으면 안 된다. 뭔가에 막힐 때마다 처음 사회생활을 시작하던 때의 질문으로 되돌아온다면 전진할 수 없다.

우리가 매일 하는 업무의 90퍼센트는 좋아하지 않는 일로 채
워진다. 아니, 오히려 하기 싫은 부분도 있다. 그러나 나머지 좋
아하는 10퍼센트로 인해 가슴이 두근거리며 일용할 양식을 구하
고 성과를 만들어낼 수 있다.

26

집은 옮긴다는 전제로 구한다

30대는 가정을 일구는 시기로 주거에 대해서도 역시 관심이 커지는 시기다. 주택을 구입하고 후회하는 것은 주로 대출금 상환으로 어려움을 겪거나 빚이 족쇄가 되어 압박하기 때문이다. 원칙이 없다면 주택을 구입하든 혹은 임대를 하든 어느 쪽을 선택하더라도 훗날 큰 후회를 낳기 마련이다.

현재 마흔을 넘긴 사람들은 거품경제를 경험하였기 때문에 조금 사정이 다르다. 거품경제기에 맨션이나 단독주택을 구입한 대부분의 사람들은 그 이후 집값이 절반으로 뚝 떨어져 구입을 후회하는 경우가 매우 많다. 게다가 주택대출금도 상당히 높은 금리로 융자받았다. 지금 20~30대는 이들과 사정이 다르기에 앞으로 자신의 생활방식에 맞춰 주택 문제에 대하여 생각해봐야 한다.

'어디에, 무엇을'이 더 중요한 결정이다

'주택을 구입할까? 임대할까?' 이 고민은 어느 시대든 잡지를 비롯한 매체에서 늘 특집으로 다뤄지고, 전문서적도 끊임없이 출판되는 보통 사람들의 주요 관심사다. 하지만 어느 쪽을 선택하면 후회하지 않을 수 있는가에 대해서는 좀처럼 결론을 내리기가 어렵다. 인생 선배들의 의견도 크게 양분된다.

나는 30~40대에 주택 임대, 맨션 구입, 토지 구입, 주택 건축까지 모든 과정을 경험하고 총 14회의 이사를 다녔다. 이 과정에서 주택은 '전세냐, 구매냐'를 고민하는 것보다 '어디에 무엇을' 사는가, '어디에 무엇을' 빌리는가 하는 선택이 더 중요하다는 사실을 알게 되었다. 교외에 있는 단독주택을 구입하고 버스나 전철로 통근시간이 2시간이나 걸려서 후회하는 사람도 있고 도쿄 안에 구입한 맨션 바로 옆집에 별로 친하지 않은 선배가 살고 있어 후회하는 사람도 있다.

내가 결혼했을 당시에는 아내도 일하고 있어서 통근의 편리성, 주차장의 유무, 역까지의 거리를 고려하여 메구로구 간선에 위치한 맨션을 임대했다. 물론 이 시절에는 돈이 없어서 구입이라는 선택은 처음부터 할 수 없었기 때문에 마음은 편했다. 그곳에서 2년을 살다보니 자동차 소음과 배기가스로 고통스러웠다. 다음번에는 조용하고 생활하기 편리하다는 세타가야구의 2LDK(식당·욕실이 딸린 방 2개의 주거 형태)아파트로 이사했다.

주차장이 달린 집으로 임대료는 17만 엔이었는데, 그 지역에서 주택을 매입하려면 평당 250만 엔에서 300만 엔은 줘야 했기에 '구입'은 생각조차 하지 못했다.

나는 월 17만 엔을 투자하여 그 지역에서 생활하는 쾌적함을 누릴 수 있었다. 그곳은 조용할 뿐 아니라 도서관, 체육관, 보건소를 비롯한 공공시설을 모두 걸어서 이용할 수 있었다. 상점가나 병원, 학교도 많아서 자녀가 있는 세대에게도 큰 인기가 있었다.

결국 30대의 거의 대부분은 임대한 집에서 보냈다. 임대의 장점은 역시 편리함이다. 무언가 마음에 들지 않거나 불편한 점이 있으면 간단히 '이사 가는' 것으로 해결할 수 있다. 그러다가 39세에 집 근처에 신축 맨션이 지어지는 것을 알고 집값이 정해지지도 않은 시점에 구매를 예약했다.

그 같은 충동구매의 배경에는 매달 17만 엔의 임대료를 지불할 바에는 아예 사는 게 합리적이라는 생각이 있었다. 그 지역의 단독주택을 구입하는 것은 어렵지만 맨션이라면 가능하다는 생각에 과감하게 맨션 구입을 결정하였다. 그런데 맨션에서 지내는 6년 동안 우리 집의 라이프스타일과 맨션이라는 주거 형태는 맞지 않는다는 사실을 깨달았다.

아이의 발소리나 소음으로 아래층 사람에게 폐를 끼치지 않도록 조심스럽게 지내는 맨션에서의 생활이 터무니없게 느껴졌기 때문이다. 아이들이 집안을 마음껏 뛰어다니고 떠들어도 이웃에 폐가 되지 않는 생활을 위해서는 단독주택이 좋겠다는 판단이 들었다. 그래서 맨션을 임대로 돌리고 근처에 토지를 구입하여 단독주택을 짓기로 했다.

다행히 사업이 잘 풀려 충분한 자금을 가지고 있던 터라 근처 부동산에 말을 넣어 인근에서 적당한 물건을 찾아달라고 부탁했다. 때마침 지금껏 생활해온 지역에 적당한 곳이 있어서 매입하여 이주하였다. 다행히 좋은 이웃을 만나 오늘날까지 만족스럽게 지내고 있다.

이상적인 집을 손에 넣는 법

지금까지 49년의 세월을 살아오면서 14번이나 이사하면서 느낀 것은 집은 자신의 라이프스타일에 맞춰 바꾸는 '삶의 공간'이라는 점이다.

여러 상황을 고려하지 않고 덜컥 주택을 구입한 사람은 여지 없이 후회한다. 가치관이 반영되는 영역이라 한마디로 표현할 수는 없지만 평범한 샐러리맨은 단 한 번에 이상적인 주택을 구입할 수 없다. 살면서 깨닫게 되는 것도 많고 아이의 성장이나 라이프스타일의 변화에 의해 집에 대한 가치관도 크게 달라진다. 그러나 집이 주체가 되고 대출금이 짐이 되면 자신의 발목에 족쇄가 채워져 대체 무엇을 위해 일하는지도 알 수 없게 되어버린다. 라이프스타일과 장래 계획에 맞춰 '어디에 무엇을' 살 것인가, '어디에 무엇을' 빌릴 것인가, 이를 고민하고 유연하게 선택하는 것이 이상적인 집을 손에 넣는 방법이다.

구입할 때는 마지막 주거지라고 생각하고 주택을 사서는 안 된다. 마음에 들지 않는 점이 있으면 언제든 다른 주거지로 바꾼다는 선택지를 가지고 구입하면 후회가 없다.

결혼적령기는 분명히 있다

27

　결혼할지 말지는 각자가 결정할 문제다. 결혼에는 애초에 흥미가 없어 혼자서 마음 편하게 살겠다고 결정할 수도 있다. 실제로　최근에는 파트너는 있지만 결혼이라는 제도에 집착하지 않는 사람도 점차 증가하고 있다.

　한편, 결혼하고 싶고 또한 그런 기회가 있었는데도 불구하고 결국 결혼하지 못해 훗날 후회하는 사람들이 생각보다 많다. 특히 40대 여성이 유독 그렇다.

　내가 대학을 졸업하고 리크루트에 입사한 것은 1986년 4월인데, 그해 4월 1일부터 남녀고용평등법이 시행되어 입사 동기의 절반이 여성이었다. 우수한 여성들은 그 이후에 열심히 일했고 리크루트를 그만둔 뒤에도 사회의 이곳저곳에서 크게 활약했다. 그런데 입사 20주년을 기념하여 지난 2005년에 열린 동기 모임에 참석해보니 40대 미혼여성이 너무 많아서 깜짝 놀랐다. 게다가 그녀들은 고학력, 미인, 고운 심성이라는 세 박자를 두루 갖추고 있음에도 여전히 독신이었다.

남녀고용평등법에 의하여 여성의 사회 진출이 활발해졌고 어느 업종에서나 남성과 동등하게 일하는 여성이 많아졌다. 특히, 일 잘하는 사람일수록 30대에 중요한 직위가 주어지고 보람을 느끼면서 쉬지 않고 일에 몰두했다. 그녀들이 특별히 일에만 매진할 생각이 있었던 것은 아니지만, 결과적으로 자신도 모르는 사이에 결혼할 기회를 놓쳤다고 한다.

주저하고 망설일수록 기회는 줄어든다

자랑할 일은 아니지만, 나는 대학시절부터 친구들과 미팅을 많이 했다. 그리고 내 주위에는 그때의 만남이 계기가 되어 결혼에 이른 친구들도 상당수 있다.

나는 지금까지 많은 사람들이 결혼에 이르는 과정을 지켜봐 왔다. 결혼한 사람과 결혼할 기회를 놓친 사람의 공통점은 물론이고 결혼하고 싶어도 하지 못한 사람들의 특징도 보았다. 그래서 후지하라 가즈히로 씨와 협의하여 도쿄 아오야마에 있는 암흑체험을 할 수 있는 놀이기구 '어둠 속의 대화(Dialogue in the Dark)'에서 남녀 각각 40명씩이 참여한 미팅 이벤트를 개최한 적도 있다.

얼굴도 직위도 알 수 없는 암흑 속에서 상대의 마음만 보고 짝을 찾는 이벤트로 텔레비전이나 잡지에서도 다뤄져 화제가 되었다. 그 이벤트를 개최하기 위하여 많은 결혼정보회사 관계자와 연애상담가를 만났고 무엇보다 40대 미혼자들의 속내를 깊이 접할 수 있었다.

남성도 여성도 원하는 것은 '인생을 함께할 파트너'인데 여성들은 40대가 되어 그 사실을 깨닫는 것이다. 이것이 너무 늦은 깨달음이라는 사실은 '괜찮은 남성은 모두 결혼했다'는 여성들의 한마디 말 속에 축약되어 있다. 서른이 지나면 점차 초조해지기 시작하는데 마흔을 넘기면 이미 주변에서 멋진 독신남성을 발견하기란 매우 어려운 일이 되어버린다.

'일이 자신의 모든 것이라는 의식은 없었다. 하지만 불현듯 정신을 차리고 보니 마흔이 되어 있었다.'

그녀들은 사회적으로는 30대를 충실하게 보냈지만 개인적으로는 아무 일도 일어나지 않았고 순식간에 흘러가 버렸다고 후회한다.

그녀들은 20대 후반부터 30대 후반까지 여러 번 연애를 거치며 결혼할 기회가 있었지만, 일을 계속할까 말까에 대하여 고민했고, 한창 일이 바쁠 때는 그 외의 것들이 부담으로 느껴졌다고 한다. 게다가 결혼 상대자로 그가 정말 좋을지를 두고 이상과 현실 사이에서 주저하고 망설이다가 결국 마지막 한 걸음을 내딛지 못한 것이다.

한편 마흔이 넘어서 뒤늦게 결혼하려는 남성 중에는 바쁜 나머지 결혼시기를 놓친 경우가 드물다. 대부분 결혼적령기임에도 배우자를 만날 기회가 없었거나 수입이 불안정하거나 대인관계에 서투른 남성이 남아 있다. 그렇기 때문에 마흔 이후에 남녀가 연결될 가능성은 매우 낮다. 결혼하고 싶어도 못한다. 따라서 30대에 결혼했어야 한다며 후회하는 것이다.

자기 나름의 결혼관을 세워라

요즘은 결혼적령기가 점차 늦어지는 추세다. 그래서 결혼에 어떤 의미가 있는지를 놓고 진지하게 생각하는 연령이 30대일지도 모른다. 결혼할까, 말까. 혹은 지금 할까, 조금 더 나중에 할까. 그러나 아무리 고민해도 결혼의 의미를 찾을 수 없을지 모른다. 그리고 생각이 많을수록 결혼을 주저하게 된다. 그런 어려운 문제의 정답은 평생이 걸려도 찾을 수 없다.

결혼의 이유는 사람마다 제각기 다르다. 그렇기 때문에 결혼하는 것이 좋다, 혹은 하지 않는 게 좋다고 말할 수 없다. 하지만 한 가지만큼은 분명히 말할 수 있다. 실제로 자신이 경험하지 않는 한 결혼의 기쁨도 어려움도 알 수 없다는 것이다.

경험하지 않는 한 모든 것은 어디까지나 상상에 지나지 않을 것이다. 그렇다면 결혼하고 싶을 때 용기를 내어 감행하는 수밖에 없지 않을까.

유감스럽지만 현실적으로 나이를 먹을수록, 특히 마흔이 넘으면 결혼의 기회는 현저히 줄어들기 마련이다. 많은 선배들의 후회에서 알 수 있듯 결혼은 늦어도 30대에 그 기회를 잡는 것이 좋다.

일본에서는 동북부 대지진이 일어난 이후에 결혼을 결정한 커플이 증가했다는 보도가 있었다. 지진이 계기가 되어 많은 사람들이 '지켜야 할 사람', '지켜주고 싶은 사람'과의 결혼을 결심하고 받아들였기 때문이다.

30대에 자기 나름대로 납득할 만한 결혼의 이유를 발견하는 것
이 결혼에 관한 후회를 피하는 방법이다.

28

이혼의 위기에 몰리지 마라

일본 국립사회보장·인구문제연구소에 의하면, 현재 20대의 미혼율은 약 25퍼센트, 이혼율은 결혼한 사람의 36퍼센트 정도라 한다.(한국의 경우, 통계청이 발표한 자료에 따르면 2010년 기준 30~34세의 여성 중 혼인하지 않은 비율은 29.1퍼센트다.)

《'혼활(婚活, 결혼하기 위하여 상대를 찾는 활동—역주)'시대》의 저자 중한 사람인 야마다 마사히로(山田昌弘) 추오 대학 교수는 첫 수업에서 '4명 중 1명은 평생 독신, 4명 중 1명은 결혼해도 이혼한다. 결국 여러분 중 결혼한 뒤 이혼하지 않고 평생을 보내는 사람은 2명 중 1명뿐'이라고 학생들에게 겁을 줬다고 한다.

사실 내 주위의 미혼율은 25퍼센트보다 높고, 이혼율도 36퍼센트를 넘는 것 같다. 이미 이혼을 두 번 경험한 지인도 많고, 결혼하지 않았더라면 좋을 거라며 후회하는 인생 선배도 상당수 있다.

실패한 결혼생활이 후회를 남긴다

이혼의 이유는 제각기 다르다. 바쁜 가운데 그저 엇갈리고 말았다고 말하는 사람부터 성격, 궁합, 불륜, 가정 폭력까지 매우 다양하다. 한편 아이가 부부의 연결고리는 아니지만 아이가 있는 경우에는 '아이가 성인이 될 때까지는……' 하며 이혼하지 않고 버티는 사람도 있다.

연애가 서로의 공통점을 발견하는 과정이라면 결혼생활은 서로가 얼마나 다른 사람이었는지를 확인하는 과정과 같다. 결혼생활을 하다보면 각자가 갖고 있는 가치관의 차이나 문 단속법, 행주 짜는 법, 욕실 사용법까지 온갖 생활양식의 차이를 새삼 깨닫기도 한다. 처음에는 크게 문제가 되지 않지만 그것이 아무리 작은 것이라 해도 쌓이고 쌓이면 회복할 수 없는 간극이 된다. 또 그것이 어떤 계기로 인해 폭발하면 이혼으로 발전하는 경우도 적지 않다.

지인은 아내가 자신과 아들에게 인스턴트 야키소바만 남기고

자니즈의 콘서트에 간 일이 계기가 되어 결국 이혼했다. 다른 이유야 얼마든지 있었지만 계기는 야키소바였다.

'사랑해서 결혼했는데, 터무니없게도……'

결혼하고 살다보면 '아차!' 하고 실수를 저지르기도 하고, 상대에게 실망하는 경험을 할 수도 있다. 그렇지만 그 '아차!'를 허용하고 회복하는 것이 부부이고, 자녀라는 존재다. 어느 가정에나 위기는 찾아오지만 대처가 미흡하거나 고비를 넘기지 못하는 경우, 이혼했어야 했다며 후회하기도 한다. 허울만 가정을 유지한 채 이혼한 부부처럼 지내거나 결혼 자체를 후회하는 사람도 있다.

'그럼, 이혼하면 되잖아!' 이렇게 말하기는 쉽다. 하지만 '아차!=이혼'이라는 공식대로라면 결혼생활을 지속시키는 부부는 거의 찾아볼 수 없을 것이다. 위기를 통해서 사람이나 부부도 성장하고 가정의 의미도 재확인할 수 있지 않을까.

결혼생활도 성장 과정의 일부다

그렇다면, 원활한 관계를 유지하는 부부는 무엇이 다를까? 쏟아지는 위기나 문제를 부부가 힘을 합쳐 해결하는 비결은 무엇일까? 비 내린 뒤에 땅이 단단하게 굳듯 아무 일도 없었다는 듯이 평소 생활로 되돌아오는 부부에게는 어떤 비밀이 있을까? 여기서는 원만히 살아가는 부부에게 공통적으로 나타나는 특징을 세 부류로 나누어 소개하고 싶다.

먼저 '상대에 대한 존중'이다. 원만히 지내는 부부는 깨소금 쏟아지는 신혼시절이 어느새 사라져버린 뒤에도 서로를 존중하는 마음을 갖고 산다. 아무리 미미한 양이라도, 사소한 것이라도, 존중하는 마음은 상대에게 고스란히 전해진다. 그것이 서로에게 선을 넘지 않는 방파제 역할을 해준다. 따라서 30대에 부부관계가 삐걱거릴 때는 사랑에 초점을 맞출 것이 아니라 존중의 시점에서 바라보자.

두 번째는 '부부간의 커뮤니케이션'이다. 흔히 부부 사이에 대화가 없다는 게 문제로 불거진다. 그런데 사실 대화가 많고 적음은 앞에서 말한 존중과도 관련이 깊다. 어느 한쪽이 퍼붓듯이 상대를 공격하고 마구 몰아세운다면 점차 대화 자체를 피하고 싶을 것이다. 커뮤니케이션의 기회가 많아도 어느 한쪽이 불쾌감을 느낀다면 그것은 의사소통이라기보다 언어폭력일 가능성이 있다. 매니지먼트나 코칭처럼 부부간에도 귀 기울여 상대의 이야기를 들어주면 원만한 관계를 만드는 데 큰 도움이 된다.

세 번째는 '긍정적인 비전'이다. 원만한 부부에게는 어떤 위기상황과 맞닥뜨려도 해결할 수 있다는 믿음이 있다. 긍정적인 비전을 갖고 직면한 문제에 맞서는 특성이 있다.

삐걱거리는 관계에서는 무심코 감정적으로 '헤어진다', '이혼한다'는 극단적인 결론을 쉽게 내리는 경향이 있다. 하지만 그 감정을 컨트롤하기 위해서라도 좀 더 건설적이고 긍정적인 비전으로 부부의 미래를 생각하는 자세가 필요하다.

관계의 위기는
존경, 커뮤니케이션, 긍정적인 비전으로 극복한다.

결혼할 것인가, 아니면 말 것인가. 이에 대한 판단은 어디까지
나 개인의 자유다. 가치관에 대해서는 가타부타 말할 수 없기 때
문에 여기서는 독신자로 살고 있는 사람들의 후회에 대하여 이
야기할까 한다. 여러 번 고민한 끝에 스스로 납득할 만한 이유로
'결혼하지 않는다'는 결단을 내린 사람이 후회하는 까닭은 무엇일
까?

기혼자의 입장에서 보면 독신자는 연애도 자유롭고, 부부 관
계의 문제, 고부 갈등, 육아나 자녀 교육 문제로 고민할 필요가
없어서 마냥 부러울 수도 있다. 하지만 독신자는 독신자 나름대

로 많은 고민이 있다.

그들의 고민은 아무도 없는 집에 홀로 돌아가는 외로움이다. 지친 몸을 이끌고 돌아왔을 때 이야기할 상대도 없고, 몸이 아플 때도 혼자서 감내하지 않으면 안 된다. 혼자는 편하지만 그 반면에 고독과 늘 함께한다.

'그 정도의 고독쯤은 별로 문제될 게 없다. 오히려 고독이 마음 편하다'라고 말하는 사람도 있다. 그러나 나이를 더 먹고 '부모의 죽음'이 현실로 다가오는 순간, 불안감과 외로움이 극에 달하게 된다.

든든한 인생의 파트너가 가장 큰 힘이 된다

부모님을 병간호하거나 부모님이 돌아가시고 나면 비로소 자신이 병에 걸리면 누가 돌봐주나 하는 생각을 하게 된다. 그리고 그때 힘이 되어줄 반려자가 없다는 현실을 깨닫고 후회한다.

물론 결혼이 그런 고독감이나 불안감을 완전히 해소해줄 것이라 생각하지는 않는다. 결혼해도 부부 사이에 신뢰관계가 없으면 혼자 사는 것과 마찬가지이기 때문이다.

중요한 것은 누구나 혼자서는 살 수 없기 때문에 서로 힘이 되어줄 파트너나 친구가 반드시 필요하다는 점이다. 제 아무리 고

독이 좋아도 혼자서 살아갈 수는 없다. 혼자라면 '자신만의 시간'을 자유롭게 사용할 수 있지만, 마음을 채워주는 기쁨이나 감동은 타인과의 관계에서 얻어지는 것들이다. 결혼이라는 제도를 고집할 필요는 없지만 마음이 통하는 인생의 파트너나 친구는 꼭 필요하다. 좋은 파트너는 인생을 보다 충실하게 살아갈 수 있는 원동력으로 이어진다.

30대는 인간관계가 크게 확대되는 연령대인 만큼 일에서든 생활에서든 그런 인생의 파트너를 발견하는 것이 중요하다. 나이를 먹으면 먹을수록 서로에게 든든한 버팀목이 되어주는 상대가 있어야 한다.

결혼이라는 틀에 집착하지 말고
인생의 파트너나 친구를 갖는다.

제 4 장

나이가 들면서

일 이외에

반드시 생각해야 할 것

30

하나의 세계에 갇혀 있지 마라

피터 드러커가 주장한 '평행 경력(parallel career)'이라는 개념은 오늘날 더욱 중요한 개념으로 부각되고 있다.

평행 경력이란 조직에만 의지하지 말고 일 외의 세계를 가지거나 제2의 인생을 살기 위한 준비를 젊은 시절부터 해둬야 한다는 커리어 계획을 말한다. 예컨대 고객과 의견을 절충하는 데 탁월한 영업능력을 가진 기술자, 세무사 자격을 가진 은행원, 심리상담사 자격을 가진 제조부문의 관리자처럼 말이다.

본업 외에 관심사를 넓혀라

한 가지 커리어에만 매달리면 그것이 무용지물이 되어버렸을 때 인생까지 끝나는 비극이 벌어질지 모른다. 그렇게 되지 않도록 다른 커리어도 병행하여 쌓아두어야 한다.

많은 사람들은 정년퇴직 직전에서야 자신의 커리어가 단 하나밖에 없다는 사실을 깨닫는다. 하지만 앞으로 한 가지 일만 하는 사람은 점차 줄어들 것이다. 오직 영업, 오직 경리, 오직 IT로 단일 커리어로는 살아남기 어렵다.

인생 선배들은 자신의 커리어가 하나인 것에 한탄하며 다른 커리어를 병행하여 '보험'으로 삼아야 했다고 후회한다. 30대는 평행 경력을 쌓기에 가장 적절한 연령이다. 그러나 막상 30대에 그런 대비책을 마련하자는 생각은 들지 않는다. 현재 눈앞에 놓여 있는 업무를 처리하는 데 급급하여 다른 커리어를 생각할 여유가 없는 것이 현실이다.

두 가지 이상의 직업 세계를 갖는 것은 노후를 위해서뿐 아니라, 앞으로 비즈니스 세계에서 생존하기 위해서도 크나큰 도움이 된다. 회사 사정이라는 것은 때로는 개인의 커리어 계획과 무관하게 진행된다. 몸담고 있는 회사에서 설계 부문의 아웃소싱 비율이 높아지면서 설계자로서의 커리어가 쓸모없게 되거나 제조 부문의 리더가 되었지만 공장이 다른 나라로 이전하게 되면서 다른 부문으로 이동하고 지금까지의 경력이 아무것도 아닌 것이 되어버리는 경우는 얼마든지 있다.

따라서 회사 사정이 어떻든지 스스로를 지키기 위한 자기만의 커리어 전략이 필요하다. 커리어 전략의 정의는 '자신의 강점을 어떤 영역에서 발휘할 것인지 구체화하는 것'이다. 그 점을 회사가 경제적으로 타당하고 합리적이라고 인정하면 당당히 교섭테이블에 올릴 수 있다.

예컨대 회사가 도쿄 공장의 유지비용이 높아져서 지방으로 공장을 이전하기로 결정했다고 가정해보자. 이때 도쿄에 반드시 남아야 할 사정이 있는 기술자라면 자신이 그동안 갈고닦은 강점을 회사에 적극적으로 알린다. '지금까지 영업부와 함께 고객을 만나고 제일선에서 고객과 협의해왔기에 기술을 이해하는 영업자로 영업지원 업무를 담당하고 싶다'는 의사를 밝히며 회사와 교섭에 나설 수 있다.

이 인물이 영업 부문에서 두드러진 존재였다면 틀림없이 영업부가 받아들일 것이다. 이것이 자신의 강점을 살린 커리어 전략, 상대가 인정하는 상품가치다. 물론 그 상품가치가 보편적인 것이라면 타사로 이직할 수도 있다.

회사 사정에 자신의 인생이 휘둘리지 않기 위해서라도 30대에 능동적으로 평행 경력 전략을 세우고 차근차근 준비해야 한다.

인생의 주도권을 움켜잡는 법

나 자신도 컨설턴트, 기업연수 강사, 주말 작가라는 두 가지 이상의 커리어를 가지고 살아왔다. 그 과정에서 각기 다른 인간관계를 형성하고, 그러한 인간관계가 서로 유효하게 작용하는 호순환을 체험하였다. 좀 더 실리적인 이야기를 하자면, 컨설팅이나 기업연수 강사의 일은 경기를 탄다. 그래서 불경기에는 시간을 내어 책을 집필하고 그 책이 베스트셀러가 되도록 힘썼다.

단일 커리어는 상부의 지시 하나로 언제든 쓸모없어질 수 있다. 회사의 방침에 휘둘리는 인생을 살아갈 수밖에 없는 것이다. 그러므로 평행 경력을 가져 인생의 주도권을 되찾고 자신의 기반을 굳건히 해야 한다.

한편 커리어가 아니더라도 일과는 무관한 다른 '평행 세계(parallel world)'를 가지는 것도 큰 의미가 있다. 지역사회는 물론이고 흥미로운 세계에서 일과 무관한 사람들과 관계를 형성하는 것도 의미가 있다.

일본사회는 매우 동질화되어 있다. 비슷한 가정에서 자란 사람들이 비슷한 학교를 나와 비슷한 곳에서 살며 비슷한 회사에서 일한다. 이노베이션이나 풍요, 재미는 예측 가능한 상황 속에서 탄생하는 것이 아니라 다양성이나 우연, 카오스 상태에서 나온다.

우선 자신과 이질적인 세계를 사는 사람이 존재한다는 사실을 이해하자. 그 사람들과 대화를 나누고 인간관계를 형성함으로써 우리는 다른 가치관이나 라이프스타일에 친밀함을 느끼고 지식을 확장해갈 수 있다.

동일한 분야, 세계에서 비슷한 지식을 갖고 있는 사람들하고만 어울리다 보면 나중에는 반드시 후회하게 된다. 그곳은 우리만의 '좁은 세계'이기 때문이다. 실은 좁다는 사실조차도 많은 시간이 흐른 뒤에야 비로소 깨닫는다. 좁은 세계의 사람으로 끝나지 않으려면 30대에 다양한 세계를 접해야 한다.

다수의 커리어나 세계를 가져야
어디에도 휘둘리지 않고 굳건히 설 수 있고
시야도 넓어진다.

31

신체를
단련하라

30대 무렵에 40~50대 인생 선배들한테 귀가 따갑도록 들은 말이 있다. 액년(42세 즈음에 재난을 만나게 된다는 속설이 있다―역주)이 지나면 체력이 뚝 떨어지기 때문에 그에 대비하여 건강을 챙기고 부지런히 운동하라는 것이었다.

실제로 내가 육체적으로 무리하면 안 되겠다고 느낀 것은 30대 후반이었다. 서른 이전에는 아무리 밤을 새워 일해도 끄떡없어서 3박 4일 동안 철야를 한 적도 있다. 마지막으로 밤새워 일한 것이 34세 무렵으로 그 이후에는 철야할 체력도 기력도 없었다.

실제로 경험해보지 않으면 이게 얼마나 서러운지 모른다. 그

때까지는 기력으로 해냈던 일도 체력이 쇠약해지자 버겁게 느껴졌고 기분까지 침울해졌다. 체력이 없어도 정신력으로 버티면 될 것이라 생각하는 사람도 있는데 실제로는 그렇지 않다.

건강은 건강할 때 지킨다

남녀불문하고 30대 중반이나 40대 중반부터 체력이 급작스럽게 떨어진다. 남성의 액년처럼 여성은 갱년기 즈음에 건강에 큰 변화가 찾아온다. 실제로 그 무렵에 갑자기 건강이 나빠지는 사람을 많이 보아왔다. 최근에는 육체적인 질병뿐 아니라 마음의 병도 급증하고 있어, 실적에 대한 압박이 큰 30대에는 심신의 건강에 주의를 기울여야 한다.

30대는 업무적으로 현장 제일선에서 활약해야 하고, 개인적으로는 연애, 결혼, 출산, 육아와 같은 일생일대의 이벤트를 맞이하게 된다. 눈코 뜰 새 없이 바빠 건강관리는 아무래도 소홀할 수밖에 없다.

인생 선배들은 40대의 액년이나 갱년기를 맞이해 느닷없이 건강을 잃고는 30대에 미리 건강을 챙기지 못한 것을 후회한다.

나의 아버지도 41세에 세상을 떠났다. 그 때문에 나는 유독 건강에 대해서는 예민해진다. 주변에도 40대에 안타깝게 세상을

떠난 사람이 있고, 위중한 병에 걸려서 다시는 직장으로 돌아오
지 못한 사람도 있다.

몸에 해로운 것은 하나씩 줄여보기로 한다

그런 까닭에 내가 특별히 30대에 주의한 네 가지는 술, 담배,
스트레스 관리, 운동이다.

먼저 술은 과음하지 않았다. 가급적 술자리에 참석하지 않았
고 참석하더라도 술 권유는 거절하였다. 술집이 아닌 식당을 약
속 장소로 선택하는 것도 30대에 익힌 자기관리 요령이다.

담배는 과거 술과 담배 중 하나만 고르라고 하면 단연코 담배
를 선택할 정도로 대단히 좋아했지만 30대에 완전히 끊었다.

영업이나 크리에이티브 관련한 일을 할 때에는 담배를 없어서
는 안 될 귀중한 보물처럼 여겼다. 관계 형성이나 아이디어 발상
에 도움이 된다고 생각했다. 그런데 담배를 끊고 보니 담배연기
를 싫어하는 사람이 의외로 많다는 사실을 알게 되었다.

내게 스트레스 관리와 운동은 같은 의미다. 당시 나는 극심한
스트레스로 미란성 위염에 걸려 위내시경을 해야 했다. 상태가
심각해서 속쓰림 때문에 아침잠을 설칠 정도라 스트레스 해소를
위해 운동으로 골프를 시작했다. 나는 실제 골프보다 이른 아침

에 골프장에 나가는 것이 더 좋았다. 자연스레 오랫동안 걷고 땀을 흘릴 수 있기 때문이다.

여러분도 스트레스 해소와 운동을 한꺼번에 해결하면 좋다. 특별히 하는 것이 없다면 일단 걷기부터 시작하면 좋다. 그냥 걷는 게 재미없다면 재미를 느낄 수 있는 곳을 찾아 걸어보자. 걸어서 자동차 쇼룸을 보러 가거나 경치가 좋은 사찰이나 공원을 산책하는 것도 좋다.

의사가 아닌지라 구체적인 건강법을 조언할 수는 없지만, 30대에 건강관리의 중요성을 깨닫고 몸이 안 좋아지기 전에 미리 건강을 챙긴다면 후회가 없을 것이다.

마흔 이후의 체력 감퇴에 대비하여
30대 후반부터 본격적으로 건강을 챙긴다.

32

어른스러운 유희를 알아둬라

어느 시대든 '유희'에 적극적인 사람과 그렇지 않은 사람이 있다. 지금까지 여러 차례 강조했듯이 비즈니스 세계에서 성실하기만 한 사람이 성공할 가능성은 매우 낮다. 성실함에 인간적인 매력이나 긍정적인 생각, 경쾌함이 더해져야 한다. 인간미를 높이고 폭 넓은 인간관계를 구축하기 위해서는 어른스러운 유희를 알아둘 필요가 있다.

요즘에는 자동차에 흥미가 없고 해외여행을 가지 않으며 맥주를 마시지 않는 삶을 지향하는 이른바 심플족(일본 소비사회연구가 미우라 아쓰시三浦展가 만든 말로, 30대 이하의 젊은 층에 늘고 있는 물건을 사지 않고, 사용하지 않고, 소유하지 않는 가치관을 공유한 사람들을 가리킨다—
역주)이 증가하고 있다. 컴퓨터나 인터넷 게임에 열중하는 인도어
(In door)파도 많다.

물론 그런 취미나 기호는 어디까지나 개인의 자유라 타인이
이렇다 저렇다 말할 것은 못 된다. 하지만 인생 선배들은 '어른의
유희'에 관해 30대에 알아두지 못한 것을 후회하고 있었다.

나이에 맞게 관심사가 바뀌는 것

우리는 종종 '나이에 맞게'라는 말을 듣는다. 어린 시절에는 아
무래도 좋았는데 나이를 먹고 회사에서 부하가 생기거나 사회적
책임을 짊어지게 되면 '어른처럼 행동'하기를 요구받는다. 언제
까지나 철 들지 않기를 바라는 본인의 바람과는 별개로 주변에서
는 눈빛으로, 말로 나이에 맞게 행동하길 요구해오는 것이다.

가끔 주위의 기대 따위는 일체 신경 쓰지 않고 오로지 자기 방
식대로 살아가겠다는 사람도 있다. 그러나 실제 사회 속에서 '멋
진 사람'이라는 평가를 받으려면 어떤 식으로든 결과물을 내놓아
야 한다. 제 아무리 멋진 겉모습만 흉내 낸들 아무도 알아주지 않
는다.

멋진 어른이 되기 위해서 '어른의 유희'를 알아야 한다는 것은

나이에 상응한 것을 소유하고 화제로 올릴 줄 알아야 한다는 뜻
이다.

예를 들어 '오타쿠'적인 지식이 아니라 어른의 교양으로서 골
프에 대해 말한다거나 멋진 바나 술집을 알고 있는 것, 자동차나
시계에 대하여 아는 것이다. 마흔 이후는 시간에 쫓기기 쉬워 새
로운 것들로 관심사를 넓히기에는 늦다. 30대에 교양이 될 만한
체험을 많이 해두는 것이 필요하다.

골프를 치면 다양한 연령 및 직업의 사람들과 함께 필드에서
경기를 즐기고 점심식사를 한다. 그런 어른의 유희를 통해 인간
관계가 놀라울 정도로 넓어진다. 서른이 넘도록 퇴근길 호프집이
나 싸구려 선술집만 찾는 것은 뭔가 쓸쓸하다. 가끔은 어른들만
가는 조용하고 안락한 휴식처 같은 바나 술집을 알아두고 찾는
게 좋다. 인터넷으로 검색하여 좋은 곳을 찾을 수도 있겠지만, 주
변에서 멋지게 인생을 살아가는 선배에게 직접 정보를 묻고 함께
간다면 레퍼토리는 더욱 풍성해질 것이다.

생활에 멋과 품격이 스며들도록

멋진 어른에겐 아침식사로 먹을 빵을 살 때도 '어디가 좋다'는
두세 곳의 선택지가 있기 마련이다. 이러한 소소한 유희가 일상

생활 속에 녹아 있다면 '생활을 즐긴다', '일상을 만끽한다', '중요한 시간을 음미한다'라는 인상을 줄 수 있다. 이는 단순히 자랑하기 위한 지식이 아니다.

커피를 마시더라도 스타벅스나 커피빈이 아닌 곳곳의 호텔 라운지 커피숍을 개척해보자. 흔해 빠진 커피숍을 이용하는 사람과 호텔 라운지 커피숍을 이용하는 사람의 차이를 깨닫게 될 것이다.

레스토랑도 상황과 상대에 맞춰 적극적으로 개척하면 '어른의 유희'를 즐길 줄 아는 사람으로 평가받는다. 특히 남성은 20대에는 잘생긴 얼굴이나 공감하는 능력, 커뮤니케이션 능력으로 충분히 인기 있는 사람이 될 수 있지만, 서른 이후에는 상황과 상대를 고려하여 레스토랑을 선택할 수 있고 나이에 맞게 즐기는 사람이 높이 평가받는다. 마흔 이후에 일상을 우아하게 즐기기 위해서는 30대에 어른의 교양을 익혀야 한다.

옛날과 지금은 시대적 배경이 크게 다르기 때문에 짝을 만나는 방법에 대해 적절한 조언을 하기가 매우 어렵다.

다만 여기서는 부부나 연인에서 조금 범위를 확대하여 인생을 함께 보낼 친구 또는 동료와 돈독한 관계를 형성하는 방법을 이야기해보고자 한다.

옛날부터 혼자 지내는 것을 좋아하는 사람은 있었고, 자기 자신을 최고의 파트너라고 생각하는 사람도 존재한다. 또는 '대인관계가 귀찮다', '상대에 맞추는 게 서툴다', '상대를 용납할 수 없다'고 말하는 사람도 있다. 그래서 그 사람이 혼자라도 기분 좋고 행복하게 살아간다면 상관없다. 나도 그 마음을 충분히 알고 있고, 다분히 그런 성향의 사람이라 이해는 된다. 실은 나도 어떤 전문가로부터 '당신은 본인 자신이 최고의 파트너이기 때문에 달리 파트너가 필요 없는 사람'이라는 지적을 받기까지 했다. 그러나 많은 인생 선배들은 평생을 함께할 '친구'를 가지지 못한 것을 후회하고 있었다.

기회는 타인이 가져온다

나는 지금까지 말했듯이 멘토에 의해 성장해온 사람이다. 타인과 적극적으로 관계를 형성하여 나의 능력을 단련하고 큰 가르침을 얻었다. 그런 까닭에 혼자의 힘만으로는 한계가 분명히 있고, 때로는 자기 자신이 하찮고 의존할 데가 없는 나약한 존재라는 사실을 깨닫게 될 때도 있다.

자신을 성장시키기 위해서는 서로에게 좋은 자극을 주고 단련시키는 관계가 존재해야 한다. 그런 믿음으로 지금도 나는 '오는 사람은 거절하지 않고 가는 사람은 잡지 않는' 자세를 갖고 늘 최고의 파트너와 좋은 일들을 함께 하고 있다.

업무가 아닌 개인적인 관계에서도 최고의 파트너가 있다면 혼자서는 좀처럼 깨달을 수 없는 발견을 얻을 수 있다. 우리가 혼자 하는 생각은 모두 기존의 가치관이나 세계관에서 크게 벗어나기 힘들기 때문이다. 기회는 타인이 가져오는 것이고, 기쁨과 감동은 친구와 함께 누릴 때 더욱 커진다.

일이든 취미든 친구와 나눌 때 의욕이 더 높아져 능력 이상으로 실력을 발휘할 수 있다. 또 좋은 친구와 만날 때 자신이 더 주목받기도 하고 스스로의 가치를 재확인할 수도 있다.

먼저 관심을 표현하라

허심탄회하게 마음을 나눌 수 있는 친구를 만나지 못한 것을 아쉬워하는 사람들은 공통적으로 상대에 대한 관심이 부족하다. 마음의 문을 열지 않아 진심을 나누지 못하고 서로의 마음이 맞는지조차 모르는 단계에서는 더 이상 관계가 발전하지 못한다.

늘 표면적인 관계만 유지하면 깊은 관계로 발전할 수 없다. 친구를 만들기 위해서는 상대에게 마음의 문을 여는 것이 중요하다. 매우 단순하지만 이것이 정답이다. 30대에 깊이 마음을 나눌 수 있는 친구를 만나지 못하면 마흔 이후에는 좀처럼 그런 관계를 가질 수 없다. 그래서 많은 사람들이 후회하는 것이다.

의식적으로 상대에게 관심을 가지고 반걸음이라도 좋으니 자신이 먼저 상대에게 다가가야 한다. 공통의 흥미 · 관심거리를 이

끌어내는 것부터 시작하자. 관심을 가지고 다가가면 상대는 안심
하고 마음의 문을 열 것이다.

상대에 대한 관심을 갖고
자신이 먼저 반걸음 다가선다.

외모는 물론 인간적인 매력을 한층 높이려면 자신을 단련해야 한다. 자기 단련은 일이나 자기 성장을 위한 공부, 취미를 통해서 달성될 수 있다. 더 넓은 차원에서 보자면 인간관계 형성도 자기 단련에 포함된다. 육성기인 30대라면 인간적인 매력을 높이기 위해 자기 단련을 게을리해서는 안 된다.

회사 일이나 집안일로 숨 쉴 틈 없이 바쁜 가운데 그저 멍하니 하루하루를 보내는 사람이 되어서는 곤란하다. 남자로서 혹은 여자로서 단련하기를 게을리한다면 40~50대가 되어 빛을 잃고 '대체 내가 이토록 매력이 없었던 건가…….' 하고 후회하고 만다. 동창회에서 오랜만에 만난 지인이 너무 늙어 놀란 사람도 많을 것이다. 그 같은 차이가 가장 크게 벌어지는 연령이 바로 30대다.

매력적인 사람으로 성장하려면

50~60대의 멋진 사람은 30대에 현실에 만족하지 않고 더 높이 오르기 위하여 도전한 사람들이다.

'멋지다'라는 말의 정의에는 20대와 30대 사이에 커다란 간극이 있다. 20대는 겉으로 드러나는 물리적인 외모가 중요한 요소가 되지만, 30대가 되면 눈에 보이는 외모보다 '삶의 자세'에 더 큰 무게가 실린다. 누구나 늙는다. 따라서 더 이상 젊지 않은 나이가 되면 그동안 쌓아온 교양이나 삶의 태도가 뿜어져 나와 인간적인 매력으로 피어오르는 것이다.

이러한 부분에서는 남녀 차이가 존재하지 않는다. '멋진' 사람들은 공통적으로 30대에 다음의 3가지를 실행에 옮겼다.

    (1) 더 높이 도전한다.

    (2) '1등'과 만난다.

    (3) 역량을 채우려 노력한다.

더 높이 도전하라고 말하기는 쉽지만, 현실적으로 이를 실행하는 데 뒤따르는 고통은 만만치 않다. 이를 악물고 성공 여부에 초조하게 가슴 졸이고 우울한 기분에 젖어 있는 실로 호된 시간을 보내야 한다.

그 무시무시한 압박감이 우리를 단련시킨다. 그 고충을 극복했을 때 성장이라는 결실을 획득하고 다음 단계로 나아갈 수 있다. 그렇기에 조금 더 높은 곳을 향한 도전이 필요하다.

사람은 눈앞에 가로막힌 장벽을 뛰어넘기 위하여 죽기 살기로 노력할 때 주위를 압도하는 빛을 뿜는다. 자신을 단련하기 위해 고통을 견디며 도전할 때 사람은 빛난다.

둘째, '1등'과 만난다는 것은 일이든 유희든 최고만이 우리를 단련하는 계기가 된다는 뜻이다. 각 분야에서 최고로 평가받는 사람은 물론 건축물, 미술품, 음악, 문학, 요리는 분명 '1등'이 된 이유가 있다. 직접 그들과 만나면 자연스럽게 자극을 받게 된다. 그러한 자극에 의해 자신의 가치 기준이 형성되고 다듬어진다. 그 결과 1그램의 순금과 1,000그램의 도금을 식별할 수 있는 안목을 갖게 된다. 무엇이 진품이고 무엇이 가짜인가를 판단하는 능력은 '1등'을 만나는 경험을 통해 단련된다.

'1등'을 접해본 적이 없거나 '1등'을 모르는 사람은 최고를 구별해낼 수 없다. 따라서 일에서도 '1등'이 될 수 없으며, 본인도 최고가 될 수 없다.

마지막으로, 역량을 채우기 위해 노력해야 한다. 이 말은 역량을 더욱 크게 키워야 한다는 의미가 아니다. 30대에 자기 실력은 파악하지 못한 채 역량 키우기에 집착하면 50~60대가 되어 후회한다. 자신이 타고난 역량을 알차게 채우는 데 집중해야 한다.

자신의 역량이 작다면, 좀 더 넉넉한 마음으로 자신과 타인을 받아들이고 인간적으로 승부하는 것도 방법이 될 수 있다. 예컨대 어떤 일이 벌어졌을 때 책임진다거나 다른 사람의 실패를 너그럽게 허용한다거나 때로는 자신의 실패를 화젯거리로 올려 경직된 분위기를 풀려는 노력을 기울일 수도 있다.

실패에 대한 안타까움이나 불평불만으로 좌절하지 않고 쿨하고 매력적으로 자신의 실패담을 들려줄 수 있다면 그 또한 인간적인 매력이 될 수 있다. 각자 자기 역량을 파악하고, 그것을 목표로 30대에 역량을 채우기 위하여 노력하자.

보다 높은 곳을 목표로
최고와 접촉하고 자신의 역량을 채워라.

35

샐러리맨의 룰에 사로잡히지 마라

30대 중반에 있었던 일이다. 동급생 T군과 술자리를 갖던 중 우연히 그의 아버지에 대한 이야기를 듣게 되었다. T군의 아버지는 어느 가전회사의 해외영업부장을 거쳐 자회사에 있다가 5년 뒤 정년을 맞이한, 1930년 전후 태생의 전형적인 샐러리맨이었다.

그의 아버지는 일에 매진한 스타일로 가정은 돌보지 않고 주말에는 골프 접대나 업무 관련 약속으로 바빠 좀처럼 저녁식사도 함께 하기 힘들었다고 한다. 당시 T군은 아버지가 연봉 1,000만 엔을 받지만 주말마다 집을 비우는 것을 보고 분명 밖에 여자가 있을 것이라 생각했다. 하지만 아버지는 가족을 위해 오로지 일에 몰두했을 뿐이었다고 한다.

아버지의 정년을 얼마 남겨두지 않던 어느 날 밤, T군의 형을 포함한 네 식구가 저녁식탁에 둘러앉았다. 평소보다 과음한 탓인지 아버지는 T군을 비롯한 가족에게 '나는 단 하루도 너희들을 잊은 적이 없다'고 말하고는 그대로 잠이 들었다고 한다.

그때 처음으로 T군은 바쁜 와중에도 자신들을 위해서 온 힘을 다해 일해온 아버지의 모습에 가슴이 아팠다고 한다.

아버지처럼은 되지 않겠다

T군의 아버지는 외국을 동경하여 대학을 졸업한 뒤에 외양선 선원이 되었지만 결혼을 계기로 가족을 위하여 모든 것을 포기하고 가전회사에 취직했다고 한다.

T군은 전형적인 회사형 인간인 아버지를 보고 '샐러리맨만큼은 되고 싶지 않다. 아버지 같은 인생은 살지 않겠노라'고 다짐하면서 학창시절을 보냈다고 한다. 그러나 30대 중반이 되고 보니 자신도 아버지처럼 되어 있었다고 했다.

샐러리맨 외의 다른 직업을 동경하여 학창시절부터 친구와 여러 가지 일에 손을 댔지만, 생계를 꾸려가지 못해 T군은 결국 샐러리맨으로 취직했다. 이후에도 구체적인 비전을 세운 것은 아니지만 샐러리맨이 아닌 다른 길을 모색하기 위하여 MBA 유학을 다녀왔다. 비즈니스스쿨을 졸업했을 때도 '외국계 기업에 취직할까, 어떤 사업을 시작할까'를 놓고 심각하게 고민한 끝에 벤처비즈니스에 취직했다.

아버지와 같은 샐러리맨의 길은 절대 가지 않겠노라고 다짐한 그였지만 여러 번 이직한 끝에 결국 아버지처럼 샐러리맨의 길을 달리고 있었다.

어디에 속하든 깨어있는 삶을 살아라

부모처럼 되지 않겠다고 끊임없이 다짐했던 사람도 30대 중반이 되어 이상과 현실의 간극을 깨닫고, 부모처럼 되어 있었다는 얘기는 인생 선배들의 후회담에 빠지지 않는 단골 소재다.

부모의 인생을 반추하며 사업은 절대 하지 않겠다고 결심하거나, 이직하지 않겠다는 결심을 하는 이도 있다. 그러나 한편으로 부모의 훌륭함을 깨닫게 되는 것도 30대다. 만만치 않은 현실 속에서 가족을 부양하고, 일에서 성취를 이룬 부모의 삶을 다시 한번 우러러보게 되는 것이다. 부모의 삶을 닮든 그렇지 않든 지켜줘야 하는 사람을 위해 샐러리맨의 길을 달리는 것도 훌륭한 삶이다.

　30대는 지금까지 내놓은 성과를 근거로 앞으로의 비전을 명확하게 그리는 시기다. 그래서 샐러리맨으로서의 삶에 스스로 납득한다면 그것도 결코 잘못된 판단은 아니다. 꿈꾸던 인생을 살고 있지 않다고 해도 새로운 비전을 가지고 자신의 인생을 디자인할 수 있다면 인생은 분명 행복해질 것이다.

　그저 목적 없이 살아가는 게 아니라 마음껏 즐길 수 있다면 어디에 속해 있든 충분히 훌륭한 삶을 살아갈 수 있다.

36

해외여행을 떠나라

취업난이 가중되고 있어 최근 해외여행을 떠나지 못하는 젊은 층이 늘어나고 있다고 한다.

여행은 언제라도 의미 있는 시간을 선물해주지만 특히 30대에 많은 해외 경험을 해두라고 권하고 싶다. 마흔 이후의 여행과 20~30대의 여행에는 큰 차이가 있기 때문이다. 전자는 완전히 오락에 치중하는 데 반하여, 후자는 주로 자기 성장을 목적으로 한다.

40대가 되면 자기 자신은 의식하지 못해도 머리가 상당히 굳어 있어 새로운 가치관을 받아들이기 어렵다. 하지만 20~30대 무렵은 보고 접촉한 모든 것을 탐욕스럽게 흡수한다. 새로운 환경, 문화를 접할 때마다 신선한 놀라움을 느끼며 이질적인 것을 마구 흡수하는 시기는 30대가 끝이다.

20대에는 돈이 없고, 30대는 바빠서 좀처럼 해외여행을 떠날 수 없다고 말하는 사람도 많을 테지만 마흔 이후가 되면 여행의 의미가 크게 달라진다.

인생 선배들은 '좀 더 일찍 넓은 세상을 직접 내 눈으로 봐둘 걸 그랬다. 좀 더 일찍 이질적인 가치관을 흡수했더라면 좋았겠다'라며 후회한다. 이 같은 후회의 이면에는 '30대까지 경험의 폭을 넓히고 인간적으로 더욱 성장했어야 한다'는 아쉬움이 담겨 있다.

새로운 환경은 감각을 일깨운다

나는 서른 번째 생일을 미국에서 맞았다. 미국 유학시절은 내 삶에서 가장 기억에 남는 추억을 선사해준 시기였고, 가장 획기적인 사건이 일어난 때이기도 하다.

가을에 비즈니스 스쿨에 입학하기 전, 어학 연수차 뉴욕에 있는 대학에서 3개월 정도 지낼 때 맨해튼 거리에 갔다가 큰 충격을 받았다. 치안 상태가 좋지 않은 할렘 지역에서 감도는 음울한 기운, 소호 지구의 문화적인 향기, 스페인 바에서 라틴계 여성과

나눴던 대화 등 모든 것이 내게는 소름 끼칠 만큼 신선한 자극이었다.

대학원에 입학한 뒤에는 학기마다 있는 3주간의 휴가를 이용해 자동차 여행을 다녔다. 지도 하나 달랑 들고 앞으로 미국 여행을 온다 해도 절대 가지 않을 법한 곳을 가보자며 길을 떠났다. 친구와 교대로 운전하면서 24시간 동안 1,500킬로미터를 주파한 적도 있다. 평소 별로 듣지도 않는 재즈지만 본고장인 뉴올리언스에 방문했을 때에는 뮤지션이 공연하는 식당 몇 곳을 옮겨 다니며 라이브로 음악을 듣기도 했다.

넓고 깊은 인간미를 가꾸고 싶다면

서른 이후에는 업무적으로나 개인적으로 나름의 교양이나 지식이 필요할 때가 있다. 처음 만나는 다양한 사람들과 대화할 때 해외여행은 공통 화제가 되기 쉽다. 특히 사회적 지위가 높은 사람과 대화할 때 '여행'은 반드시 등장하는 이야깃거리다. 이야기에 동참할 수 있다는 것만으로도 여행을 다녔던 것이 다행이라 느껴진다.

인생의 성장기인 30대에 떠나는 여행은 오락에 그치는 것이 아니라 자신을 돌아보고 쓸데없는 상념들을 털어버리고, 이질적인 문화나 가치관을 접하고 흡수할 수 있는 절호의 기회다. 그것들이 화학반응을 일으켜 한 사람을 더 넓고 깊은 존재로 변모시킨다. '저 사람의 이야기는 재미있다'고 하는 인간적인 매력도 그런 화학반응을 통해 형성된다.

계획을 세우는 동안 가슴이 두근거리고, 돌아와서 몇 년 혹은 몇 십 년이 지나도 추억하며 설렐 수 있는 여행은 인생 최고의 이벤트일지 모른다. 여행에서 얻은 추억은 우리가 조금 더 풍요로운 마음으로 인생을 살아가게 하는 힘이다.

많은 사람이 여행을 떠나고 싶어도 가지 못해 후회하는 만큼 공사다망한 30대일지라도 시간을 내어 여행을 떠나보자. 여행은 나이에 따라 시점도 느낌도 전혀 다르다.

마흔이 되기 전에 여행을 떠나
자기 안의 화학반응을 일으켜라.

가사 분담에 대한 남편의 이해 부족이 이혼의 원인으로 지적되고 있다. 지금까지 40~50대 아버지가 도맡았던 집안일은 고작 '쓰레기 버리기'로 그것만으로는 가사를 분담했다고 말할 수 없다. 일본에서는 20~30대 사이에 '육아남편'이라는 유행어가 있을 정도로 집안일이나 육아에 적극적으로 참여하는 남성이 증가하고는 있지만, 여전히 소수에 그치는 것이 현실이다.

아버지 시대와 비교하면 지금은 맞벌이 부부가 증가해 적극적인 가사 분담이 필요하다. 실제로 내 주위의 남성들은 모두 아내와 같이 집안일을 나눠서 하고 있다.

가사 분담을 할 때 중점이 되는 것은 요리와 육아다. 청소, 세탁, 욕실 청소, 쓰레기 분리수거와 쓰레기 버리기 정도의 일은 비교적 간단히 분담이 가능하기 때문이다. 이 부분에서 분담하는 역할을 높이지 않으면 아내가 실제 느끼는 남편의 가사 참여율은 높아질 수 없다.

반면 남편의 입장에서 보면, 요리와 육아는 익숙치 않고 매우 고된 일이다. 일이 바쁘다는 핑계로 요리와 육아를 회피하는 사람도 많다. 하지만 결코 바쁘다는 것이 가사 분담에 소홀한 남자들에 대한 보호막이 될 수는 없다.

집안일도 내 일이다

아무리 바쁘더라도 훌륭히 요리와 육아에 참여하는 사람도 있고, 할 일이 다 끝났음에도 사무실에서 빈둥거리며 가사일을 회피하는 사람도 있다. 일 잘하는 사람일수록 요리와 프로젝트 진행을 동일하게 인식하고, 육아는 부하 육성이라는 시점에서 적극적으로 즐긴다.

그러나 일본의 경우 약 80퍼센트의 남편이 요리와 육아 분담에 적극적이지 않다. 내키지 않지만 어쩔 수 없이 참여하고 있어 내 경험을 근거로 조언하고 싶다.

나 또한 요리와 육아에 무관심한 80퍼센트의 남편 중 한 사람이었지만 30대에 그것을 극복했다. 요리는 자신 있는 메뉴 하나를 공략해 완성을 목표로 힘을 쏟았고, 그게 변화의 계기가 되었다. 물론 다양한 요리를 잘할 수 있다면 금상첨화겠지만 처음부터 광범위한 요리를 잘하는 것은 어렵다. 먼저 나는 요리의 맛을 높이기보다 단순히 가사 분담에 목적을 두었다. 가사에 참여하겠다고 마음먹은 이상 최대한 쉬운 것부터 시작하는 것이 좋다.

잘하는 요리 한 가지로 매주 한 번은 아내를 대신하여 식사 준비를 한다. 그동안이라도 아내는 요리에서 해방될 수 있다. 이후에 차츰 도전하는 요리의 종류를 늘려간다. 나의 경우에는 카레부터 시작하여 면을 공략했다. 이유는 손쉽고 간단하기 때문이다. 파스타에서 우동, 소바, 냉면, 그라탕으로 범위를 넓혀갔다. 요리는 하나씩 공략해가면 요리법에 대한 패턴을 차츰 이해할 수 있어서 응용할 수 있는 요리도 생기고, 점차 요리의 재미도 느낄 수 있다.

요리하지 않는 남성도 많지만 가사 분담에 있어서 요리는 반드시 필요하다. 맞벌이 부부가 증가하는 시대에 요리를 전적으로 아내에게 부담시키는 것은 더 큰 후회로 이어질 수 있다. 혼자서는 밥 한 끼도 해결하지 못하는 사람이 되고 싶지 않다면 우선은 한 가지 요리부터 도전해보자.

두 번째 분야인 육아에서는 '기저귀 갈기'를 시작점으로 삼는다. 아기에게 우유를 먹이고 씻기고 대소변 시중을 들 수 있다면 아내를 친정집에 보내거나 아기와 단둘이 외출하여 그 시간 동안 이라도 아내가 혼자만의 시간을 갖도록 할 수 있다. 그것만으로 아내는 남편의 가사 분담에 상당히 높은 만족도를 표할 것이다.

나도 아들과 딸의 기저귀를 직접 갈아주었다. '응가가 참 이쁘 구나!'라고 말을 건네면서 치워주었고, 아들과 딸의 엉덩이를 닦 아주는 방향이 다르다는 것도 처음 배웠다. 하루 종일 육아에 시 달리는 아내에게 자유시간을 만들어주는 것. 아내의 육아 스트레 스를 최대한 줄여주는 것이 포인트다.

바쁜 나날 속에서 일과 집안일을 모두 해내는 것은 결코 쉽지 않다. 그러나 성공한 사람은 두 가지 일에 최선을 다한다. '어떻 게 하면 집안일을 하지 않을까' 하고 고민하는 것이 아니라 가사 분담을 통해 적극적으로 무언가를 배우려 하고 주인의식을 갖고 가정을 일구려는 자세가 필요하다.

30대는 부부가 합심하여 고난과 맞서는 시기다. 그런 의미에 서 가사 분담은 큰 의미를 가진다.

집안일 중 요리와 육아를 맡고
철저히 해낸다.

38

육아에 더욱 열성을 가져라

최근에는 일과 사생활에 밸런스를 맞추고자 하는 의식이 커지고 있다. 유급휴가를 받아 육아에 적극적으로 참여하는 직장인도 증가하고 있다.

육아나 자녀 교육론에 대하여 일가견이 있는 부모도 많아져서 어쩌면 이 후회는 앞으로 조금씩 줄어들지도 모르겠다. 하지만 지난 세월 바쁜 직장인으로 살아온 선배들 중에는 육아 문제로 후회하는 사람이 많았다. 특히 현재 50~60대 이미 정년퇴직한 인생 선배들 중에는 '육아에 참여했더라면 좋았을 것을……', '아이와 좀 더 많은 추억을 만들었다면 좋았을 것을……' 하고 후회하는 사람이 많다.

30대에게 육아는 대개가 갓난아기부터 초등학생까지의 자녀를 양육하는 시기다. 이 시기에 이루어지는 아이와의 접촉은 두 번 다시 찾아오지 않을 귀중한 경험이다. 자녀의 성장이라는 측면에서도 매우 중요한 시기라 관계 형성을 하지 못한 경우에는 훗날 반드시 후회한다.

함께하는 시간을 가져라

아이와 함께 보내는 시간이 길면 좋지만 여기에는 물리적인 한계가 있다. 그때는 함께하는 시간이 짧은 만큼 관심의 깊이로 만회해야겠다는 마음을 가져야 한다.

나는 인생 선배들에게서 아무리 바빠도 시간을 만들어 아이와 함께 놀라는 말을 귀에 딱지가 앉을 정도로 수없이 들었다. 그래서 목욕시키고 밤에 우유를 먹이고 동화책 읽어주기부터 시작했다. 아이가 태어나 퇴원한 날부터 아기 목욕은 온전히 나의 몫이었다. 처음에는 아기 목욕 시간에 맞춰 내 일의 일정을 정했을 정도다.

일이 몰리고 정신없이 바쁠 때도 아이와 함께하려 노력했다. 목욕을 시키고 밤에 우유를 먹이고 동화책을 읽어주는 일은 출장

가는 날을 빼면 단 하루도 거른 적이 없다.

아기를 씻기고 잠시 휴식을 취한 뒤 젖병을 소독기에서 꺼내서 더운 물에 분유를 녹이고, 그것을 내 살갗에 떨어뜨려 적당한 온도로 식히는 과정을 매일 밤 반복했다. 왼팔로 아기를 안고 입에 젖병을 물리면 꿀떡꿀떡 단숨에 마신다.

그러고 나서 몸을 세워 등을 가볍게 톡톡 두드려 트림을 시키는 것이 일과였다. 그 뒤에 동화책을 읽어주기 시작한다. 《기관차 토마스》, 《원숭이 조지》, 《미피》를 시작으로 그림책을 사거나 도서관에서 빌려와 차근차근 한 권씩 읽어주었다.

함께하는 시간이 적은 만큼 그 깊이로 만회한다는 생각으로 기를 쓰고 아이가 좋아하는 책을 읽어주었던 것 같다. 책을 읽어주는 시간은 그리 길지 않았지만, 매일 꾸준히 하는 가운데 아이와의 관계가 더욱 깊어졌다.

얼마나 밀도 있게 시간을 보내는가

아이와 함께하는 시간이 짧은 만큼 의식적으로 챙긴 것은 '행사'다. 입춘의 콩 던지기, 히나마쓰리(여자 어린이들의 무병장수와 행복을 빌기 위해 해마다 3월 3일에 치르는 일본의 전통축제-역주), 어린이날, 칠석, 오본, 가을축제, 대보름, 할로윈, 크리스마스는 본격적으

로 즐겼다. 어린 시절부터 의상을 갖춰 입혀 할로윈에는 완벽하
게 '귀여운 강아지'로 변장시켰다.

집안 행사뿐 아니라 유치원, 초등학교 행사나 임원회 활동에
도 적극적으로 참가하였다. 최근에는 유치원이나 학교 임원을 꺼
리는 부모가 증가하고 있는데, 자녀에게 즐거운 체험을 안겨주기
위해서는 부모가 땀을 흘리며 수고를 아끼지 않으면 안 된다. 스
스로 아이들의 성장과정에서 어느 영역만큼은 반드시 책임지겠
노라는 각오가 필요하다.

누구나 바쁘기는 마찬가지다. 따라서 가능한 한 아이와 함께
시간을 보낼 수 있는 방법을 생각해보자. 육아는 얼마나 오랫동
안이 아니라 얼마나 밀도 있는 시간을 보낼지에 주안점을 둔다.

짧은 시간일지라도
관심의 깊이로 만회한다.

39

아이를 꾸짖는 방법을 배워라

육아의 고민 속에서 특히 후회가 집중되는 것은 '어떻게 꾸짖는가?' 하는 것이다. 꾸짖는 것에는 타인에 대한 애정과 자신에 대한 자신감이 요구된다. 과거 일본에서는 '꾸짖는다 VS 꾸짖지 않는다'는 논쟁이 존재하지도 않았다. 부모는 잘못한 아이를 체벌과 함께 호되게 꾸짖었다. 그런데 현재 60대를 맞이한 단카이 세대부터 자녀를 꾸짖지 않는 부모가 증가하였다.

그 이후 체벌이 문제시되기도 하고 온갖 육아론이 등장하면서 꾸짖지 않는 교육, 칭찬하며 성장을 돕는 교육이 주목받았다. 그런데 지금 많은 인생 선배들은 아이를 '꾸짖지 않은' 것을 후회하고 있었다.

　잘못한 자녀를 꾸짖던 과거의 훈육법이 이어지지 못해 지금은 아이가 잘못을 저질러도 혼내지 못한다. 체벌은 말할 것도 없다. 잘못을 지적하는 부모의 마음이 제대로 아이에게 전해지지 않아 어떻게 혼내면 좋을지 모르는 것이다.

애정과 자신감으로 아이를 다룬다

　꾸중을 듣지 않고 자란 아이는 거침없이 성장하지만 응석받이로 자란다. 그 때문에 자신의 의견을 굽히지 않거나 그 반대로 의견을 부정당하면 곧 주눅이 든다.

　인생 선배들은 그들 자녀에 대한 교육을 되돌아보고 아이를 꾸짖지 않고 키웠다고 후회한다. 자녀가 사회성을 키우지 못한 채 '어린애 같은 어른'이 되어 좀처럼 사회에 적응하지 못하는 현실을 보고 요령 있게 꾸짖지 못한 것을 안타까워하는 것이다.

　'자녀는 꾸짖기보다 칭찬으로 키운다', '어린아이니까 그 정도쯤은 괜찮다', '남의 눈을 의식해 사람들 앞에서는 꾸짖지 않는다' 등 훈육에 대한 여러 의견이 있지만 내 생각은 다르다. 자녀를 응석받이로 키우는 것은 부모로서의 자신감을 갖지 못했기 때문이라고 본다. 한편 꾸짖지 않고 키우는 양육법이 등장하면서 어떤

식이 더 교육적으로 좋을지 부모가 판단을 내리지 못한 까닭도
있다.

누나가 둘째를 가졌을 때 유산이 되어 병원에 입원하는 바람
에 3개월간 조카를 봐준 적이 있다. 나는 그때 조카가 다른 사람
에게 폐를 끼치거나 말을 듣지 않으면 꾸짖었다. 누나는 그 때문
에 조카가 작은 일도 허락을 구하고 부모의 얼굴빛을 살피는 아
이가 될까봐 걱정했다.

어느 쪽이 옳은가에 대해서는 의견이 분분하지만, 내 아이를
키울 때는 철저히 꾸짖고 있다. 인생 선배들의 조언 때문이기도
하지만, 어떤 사건을 계기로 꾸짖는다는 것의 진짜 의미를 이해
했기 때문이다.

화내는 것과 꾸짖는 것은 다르다

리크루트에서 일하던 시절, 업무 태도에 문제가 있는 부하로
인해 스트레스를 받고 결국 위내시경까지 받아야 했다. 혼자서
고민한들 해결되는 것도 아니어서 당시 나의 멘토를 찾아가 어떻
게 꾸짖으면 좋을지 가르침을 청했다.

그때 알게 된 것이 화내는 행위와 꾸짖는 행위의 차이다. 예
를 들어, 목표 100에 대하여 80퍼센트를 달성한 부하에게 화를

내면 '너는 왜 20퍼센트가 미달이야! 안이하게 생각했던 게 아니야!'라고 느낀다. 한편 꾸짖으면 '너는 능력이 있는데 어째서 모든 능력을 발휘하지 못한 거야!'라고 느낄 것이다.

전자는 상사의 부정적인 감정을 방출하는 것 외에는 이득이 없다. 반면에 후자는 상대를 인정하고 신뢰한 연후에 능력을 다 발휘하지 못했다는 문제의 본질을 지적하는 행위이다. 상대에게 얼마든지 마음만 먹으면 해낼 수 있다는 점을 알려주어 능력을 발휘하는 방법을 스스로 생각하도록 채근하는 것이다.

이를 계기로 나는 꾸짖는다는 행위에 대하여 새로운 시각을 갖게 되었다. 상대와의 신뢰관계만 있다면 호되게 꾸짖는 것이 장기적으로 상대방을 위한 일이라 여겨져 자신감을 갖고 상대를 꾸짖게 되었다.

꾸짖는 것은 미움받을 각오를 하는 것이기도 하고 상대를 진심으로 생각하는 행위이기도 하다. 따라서 상대를 신뢰하지 않거나 자신에게 자신감이 없다면 꾸짖을 수 없다.

내 아이가 태어난 것은 그 다음의 일이라 나는 처음부터 아이를 꾸짖는 부모였다. 아내도 호되게 꾸짖는 편이라 아이를 꾸짖을 때는 어느 한쪽이 감싸주는 역할을 맡고 있다. 그러나 누나가 걱정하였던 것과 달리 내 아이는 부모의 얼굴색을 살피는 아이가 되지 않았다. 혼난다고 주눅 드는 성격도 아니어서 안심하고 꾸짖고 있다.

자신의 자녀를 믿고 있다면 주위 사람들에게 아이가 폐를 끼쳤을 때는 정신이 번쩍 들도록 호되게 꾸짖자.

제 5 장

쩨쩨한 어른이 되지 않기 위해

돈에 관하여

알아야 할 것

40

돈을 저축하라

40대, 50대 그리고 60대를 지난 인생 선배들은 30대를 되돌아보고 후회하는 것 중에 '돈'에 관한 것을 반드시 베스트 3 안에 꼽는다. 특히 저축은 본인의 성격이나 가치관이 농후하게 반영되는 만큼 돈에 관한 생각을 정립해두어야 후회가 적다. 실제로 우화 〈개미와 베짱이〉만큼은 아니어도, 많은 사람이 목돈이 필요할 때 돈이 없는 현실을 답답해하며 충분히 저축하지 못한 것을 후회한다.

지금까지 말한 바와 같이 30대에는 연애, 결혼, 이사, 출산, 육아, 주택 구입 등 끊임없이 돈이 들어가는 사건이 이어진다. 후배나 부하를 돌보고, 상사나 동료와의 교제비까지 신경써야 한다. 40대가 되면 여기에 아이의 교육비와 주택대출금이 더해져 지출은 더욱 많아진다.

많은 사람들이 저축의 중요성이나 필요성에 대하여 충고하지만, 저축습관이 없는 사람은 좀처럼 실행에 옮기지 못해 훗날 후회하는 것이 엄연한 현실이다.

30대는 '저축'과 '소비'의 연속이다

나의 저축법은 크게 나누면 '가늘고 길게 저축하기'와 '굵고 짧게 저축하기'다. 어느 한쪽에 치우지지 않고 두 가지를 동시에 진행하는 것이 포인트다.

나는 원래 있는 돈을 모조리 써버리는 타입인데, 리크루트에서 첫 월급을 받았을 때 선배들의 조언에 따라 매월 3만 엔씩 사내예금을 들었다. 당시에는 잘 몰랐지만 사내예금으로 시작된 '가늘고 길게 저축하기'가 나의 30대를 지탱해주었다.

나의 30대는 '저축'과 '소비'의 연속이었다. 29세부터 31세까지 MBA 유학을 다녀오면서 2년 반 동안 모은 1,000만 엔을 몽땅 써버렸다. 32세에 마련한 창업자금 600만 엔은 잡지사 광고 영업과 컨설턴트 등 닥치는 대로 일해 반년 만에 모은 돈이었다. 또

33세의 결혼자금 200만 엔은 반년만에 모았다. 어떻게 단기간에 그만큼의 돈을 모을 수 있을까? 이상하게 생각하는 사람도 있을 텐데, 나는 돈을 모으겠다고 결심한 순간부터 절대로 돈을 쓰지 않는다. 당연한 말이지만 돈은 쓰지 않으면 모이는 법이다. 나는 이 방법을 지금까지 여러 번 반복해왔는데, 이것을 '허리띠 바짝 졸라매고 모으기'나 '굵고 짧게 저축하기'라는 이름으로 부르고 있다.

세금을 제외하고 수중에 떨어지는 게 연봉 600만 엔이라도 120만 엔밖에 쓰지 않으면 480만 엔이 모인다. 이것이 '허리띠 바짝 졸라매고 모으기'의 정체다. 절제된 생활을 5년 동안 지속하기는 매우 힘들지만, 목표 기한을 반년 혹은 1년으로 제한하면 이런 비일상적인 생활은 단식처럼 좋은 효과를 가져온다.

'허리띠 바짝 졸라매고 모으기'를 실천하는 기간 중에는 기본적으로 아무것도 사지 않는다. 유학에서 돌아와 창업자금을 모으는 중에는 체형이 비슷한 선배들에게 정장을 물려 입기도 했다.

목표에 따라 저축 방법은 달라야 한다

반대로 39세에 맨션을 살 수 있었던 것은 '가늘고 길게 저축하기'를 실천하였기 때문이다. 신입사원 시절부터 꾸준히 부은 적금이 있었고, 보너스도 받는 대로 저축했다. 여기에 주택금융저축도 따로 적립하고 있어서 집을 살 때 프리미엄 융자를 받을 수 있었다. 언제, 무엇에, 얼마의 돈이 필요할지 미리 예측하고 준비해둔 것이 큰 도움이 되었다.

한때 나도 직업상 여러 가지 정보를 들을 기회가 있어서 주식투자를 열심히 한 시기도 있었지만, 운용 능력이 없다는 사실을 깨닫고 그만두었다. 이후에는 주식투자나 운용은 하지 않고 오로지 저축만 하고 있다. 그것이 나의 금전 철학으로 30대 후반에 이 사실을 깨닫기까지 꽤 많은 수업료를 지불했다. 지금은 외환투자 등 여러가지 투자 방법이 있지만 저축에 비하면 도박이라는 생각이 든다.

돈 쓸 일이 많아지는 30대 이후에 저축은 의식적으로 노력하지 않으면 좀처럼 실천할 수 없다. 좀체 돈이 모이지 않는 30대이기에 의식적으로 저축할 필요가 있다고 많은 인생 선배들이 조언한다. 우선은 '가늘고 길게 저축하기'와 '굵고 짧게 저축하기'를 구분하여 실천해보자.

가늘고 길게 저축하기와
굵고 짧게 저축하기를 구분하여 저축한다.

41

세금은 아는 만큼 돈이 된다

　나도 그랬지만 20대의 직장인은 세금에 대하여 그다지 관심이 없다. 급여명세서를 보고 월급에서 소득세와 주민세가 공제된다는 정도만 인식하고 있는 것이 현실이다. 나는 주민세의 존재조차 몰라서 입사 2년차가 되어 인사부에 '이런 게 공제되어 있다'며 문의했을 정도다.

　그나마 20대에는 이런 행동이 허용된다. 하지만 30대가 되면 주택구입이나 출산, 가족의 지출이나 의료비 부담 등으로 지출이 늘어나는 만큼 세금에 대하여 잘 알지 못하면 같은 월급쟁이 사이에서도 큰 차이가 벌어진다. 단순히 공부만 하면 되는 일이지만, 많은 사람이 귀찮아서 포기한다. 그리고 나중에 몰라서 손해 본 것을 후회한다.

기업이나 관공서가 본인을 대신하여 세액을 계산하고 세금을 납입하는 원천징수제도는 일본 외에도 여러 나라에서 시행하고 있다. 원천징수제도는 미리 납부한 세금의 가지급 원천징수액과 실제 소득세액을 다시 계산해 연말에 정산하는 시스템이다. 이는 얼핏 편해 보이지만 실제로는 큰 차이를 낳는 원인이 되기도 한다.

예를 들면 투자용 맨션을 10채 이상 갖고 있는 상장기업의 상무는 임원보수와 배당으로 2,000만 엔 이상의 수입이 있음에도 소득세를 내지 않는다. 그 회사에서 사장, 전무에 이어서 3번째로 연봉이 높은데도 소득세가 신입사원보다 적은 것이다. 그 까닭은 대출로 매입한 투자용 맨션으로 인해 대출 금리, 감가 상각 비(건물이나 기계 설비 등의 고정자산의 가격 감소를 보상하기 위한 비용-편집자 주), 수리비 등이 발생하면서 수입이 마이너스가 되기 때문이다. 임원 보수와 손익 계산을 하면 소득세가 제로가 되어버린다.

외국계 기업에 근무하는 어느 지인도 종합소득세 확정신고로 소득세 200만 엔을 전액 환급받았다. 세금 관련 지식이 있는 사람은 돈을 환급받을 수 있고, 관심이 없거나 지식이 없으면 본래 환급받아야 할 돈도 받지 못한다.

아는 만큼 돈 버는 세금 지식

주택담보대출 소득공제라면 직장인에게도 익숙할 텐데, 맨션 판매회사나 중개한 부동산회사에서 절차를 안내받을 수 있다.

한번은 출산이나 아이의 치열교정으로 50만 엔 넘게 들었는데 그대로 두었다가 나중에 10만 엔이 넘는 세금을 공제받지 못한 것을 알고 후회하는 사람을 본 적이 있다.

가족 중 누군가 병원에 입원하면 병원비로 10만 엔은 순식간에 날아간다. 특히 30대는 출산과 육아로 의료비의 부담이 증가한다. 세금에 전혀 관심이 없다면 일단 관련 영수증을 모아두는 습관부터 기르도록 한다.

관련 서적을 구입하여 세금이나 연말정산에 대한 공부를 시작해보자. 알아두지 않으면 큰 차이를 낳아 후회하게 된다.

소득세나 의료비의
공제 · 환급에 관한 지식은
아는 만큼 돈이 된다.

돈은
가치 있게
42 써라

앞서 나의 30대는 저축과 소비의 연속이었다고 말했는데, 그
것은 1만 명의 인생 선배들의 이야기를 듣고 성공한 사람에게는
돈 쓰는 방식에 대한 명확한 법칙이 있다는 것을 발견하였기 때
문이다.

성공한 사람은 공통적으로 투자할 때 돈을 아끼지 않았다. 일
상생활 속에서도 근검절약에 힘을 쏟으면서 써야 할 때는 아낌없
이 썼다. 예컨대 독서를 생각해보자. 돈을 아낀다고 서점에서 서
서 책을 읽거나 빌려서 읽거나 도서관에 신간 대출예약을 하는
것도 현명한 방법일지 모른다. 그러나 두각을 나타내는 사람은

이상의 가치를 뽑아낸다. 책을 빌리기는커녕 지인에게 선물하기
위해 같은 책을 여러 권 구입하는 사람도 있다.

30대라면 자기 자신에게 투자하라

자기 자신에게 금전·시간적으로 투자하지 않고서 성장하길
바라는 것은 터무니없는 욕심이다. 사람들은 일류대학에 합격하
기 위해 비싼 수강료를 지불하면서 전문 입시학원을 다닌다. 입
시학원에 다니지 않고 일류대학에 합격하는 사람은 고작 1퍼센
트도 되지 않는다. 금전적 투자가 입시성적에 미치는 영향은 점
점 커지고 있다. 실제로 최고 학부인 도쿄대에 다니는 학생들의
부모가 일본 내에서 평균연봉도 가장 높다. 이러한 통계는 '자녀
의 학력도 돈이 있고 볼 일'이라는 현실을 반영하는 것 같아 씁쓸
한 생각이 든다. 자녀 교육도 그러한 마당에 어른들의 자기 성장
은 두말할 나위도 없다.

30대에는 자기 투자 외에도 가족여행이나 동료, 친구와의 교
제비에 관해서도 부담이 늘어난다. 모든 것에 돈을 쓰면 좋겠지
만, 돈은 제아무리 많아도 항상 부족하기 마련이다. 그래서 필요

한 것이 앞에서 소개한 '가늘고 길게 저축하기'와 '굵고 짧게 저축하기'를 적절히 병용한 예산의 확보다.

기본적으로 나는 자기계발, 가족여행, 동료나 친구들과의 교제비는 낭비가 아니라고 생각하기 때문에 아끼지 않는다. 하물며 후배와 함께하는 술자리 비용은 전액 내가 지불한다. 정 돈이 없어 더치페이를 할 때는 1,000엔이라도 내가 더 많이 내려고 한다.

그러나 목돈이 필요해서 '부지런히 돈을 모으는' 시기에 돌입하면 자기계발도, 동료나 친구와의 교제도 중단하고 저축 하나에만 매진한다. 이런 삶의 방식을 나는 즐기고 있다.

이런 방식이 싫다면 평소 미리 자기계발비, 가족여행비, 교제비를 예산으로 잡아두어 그 한도에서 이리저리 변통할 수 있다. 중요한 것은 쩨쩨하지 않게 무엇에 얼마를 쓸 것인지 미리 정하고 기분 좋게 돈을 쓰는 것이다.

쩨쩨한 사람에게는 정보도 인맥도 모이지 않는다. 인생 선배들은 말한다. 돈이 돈을 부르고, 돈은 세상을 돌고 도는 것이라고.

자기 투자로
돈을 보람 있게 사용한다.

'돈에 느긋한 사람은 신용이 없다', '허영에 찬 사람은 신세를 망친다', '돈에 쩨쩨하면 훌륭한 사람이 될 수 없다' 등 돈과 관련하여 사람의 본성을 나타낸 이런 말들은 모두 사실이다. 인간관계를 망치거나 인생에 실패하는 주요 원인도 돈이다.

보증을 섰다가 재산을 잃은 사람, 거품경제기에 구매한 맨션의 집값이 폭락하여 대출금을 갚지 못하고 파산한 사람, 지인이 경영하는 벤처기업에 미래를 걸고 300만 엔을 투자했지만 지인이 자취를 감춰버린 경우까지. 돈도 잃고 사람도 잃었다는 이야기는 숱하다.

원칙이 없으면 돈도 잃고 사람도 잃는다

인생 선배들은 입을 모아 돈에 대한 나름의 룰을 가졌어야 했다며 후회한다. 이것은 직접 겪어보지 않고서는 느낄 수 없는 것일지도 모른다. 40~50대가 되어 큰돈을 잃으면 좀처럼 만회할 수 없다. 돈뿐 아니라 신용도 인간관계도 동시에 잃어버릴 수 있다. 따라서 30대에 자기 나름대로 돈에 대한 자세나 원칙을 확고히 확립하여 파트너와 공유해야 한다.

참고로 나는 30대에 다음과 같은 3가지 원칙을 가졌다.

(1) 돈은 빌리지도 빌려주지도 않는다.

(2) 돈은 좇으면 오히려 도망간다.

(3) 모을 때는 모으고, 쓸 때는 쓴다.

나의 본가는 에도 시절부터 목재상이었기 때문에 돈이나 장사에 대한 가르침이 몇 가지 있다. '돈을 빌려주면 두 번 다시 받지 못한다. 따라서 돈을 줄 때는 돌려받지 않아도 좋은 금액만 건네거나 빌려준 뒤에 받으러 갔다면 적은 금액이라도 반드시 받아오라'는 말을 귀가 따갑게 들으며 자랐다.

부모님은 어린 시절부터 친구와 돈 거래는 일절 금지하였지만, 지금까지 돈을 빌려주었다가 그것을 계기로 친구와 소원해진 경험도 적지 않다. 돈에 대한 룰을 빨리 세울수록 이런 실수를 하지 않게 될 것이다.

돈은 좇으면 도망간다는 교훈도 30대에 얻었다. 돈은 일에 대한 대가로, 좋은 일을 하면 이후 자연히 따라온다는 것을 깨달았다. 돈은 대가라는 발상을 가지지 않으면 들어올 리 없다. '일의 보수는 일'이라는 말도 있는데, 좋은 일은 다음번에 일할 기회를 가져오고, 거기서 돈이 따라온다.

여기에 나만의 단순한 원칙이 하나 더 있다. 많이 벌고 많이 쓴다는 것이다. 나의 경우 우기와 건기처럼 어떤 주기로 '저축하는 시기'와 '모조리 쓰는 시기'가 반복된다. 저축은 하더라도 돈을 모아 아이에게 과분한 재산을 물려줄 생각은 없다. 주위를 둘러봐도 자녀에게 재산을 물려줘도 딱히 좋은 것 같지 않기 때문이다. 그러나 아이의 교육비만큼은 돈을 아끼지 않는다. 이것만큼은 빚을 내서라도 아이가 원하는 만큼 지원해줄 작정이다. 이유는 간단명료하다. '남겨주지 않을 것이라면 적어도 교육만큼은 잘 시키자'는 것이 대대로 내려오는 우리 집 가풍이기 때문이다.

돈은 좇으면 도망간다.
모을 때 모으고 쓸 때 쓴다.

44 | 내 집 마련은 천천히 결정하라

주택 구입이나 신축은 직장인에게 일생일대 최대의 지출이다. 그러나 큰 지출일수록 감각이 마비되어 대충 판단하고 나중에 후회하는 사람이 적지 않다.

더욱이 헤일로 효과(어떤 특성이 뛰어나면 본래 그것과 관계 없는 다른 특성도 뛰어난 듯이 느껴지는 효과-역주) 때문인지 어떤 한 가지가 마음에 들면 다른 세부적인 검토가 소홀해진다. 게다가 '다른 고객도 관심을 보이고 있다'며 마감이 임박했다는 중개인의 말이라도 들리면 얼마라도 깎을 수 있는 기회마저 놓친다.

주택 구입은 거액을 지출하는 만큼 여러 가지 후회를 낳는데,

그중에는 모르면 훗날 크게 손해를 보는 정보도 있다. 주택 구입을 염두에 두고 있다면 주택대출금리도 교섭의 여지가 있다는 사실을 알아두자.

은행을 곧이곧대로 믿지 마라

많은 사람이 그 사실을 몰라 은행이 일방적으로 제공하는 팸플릿에 나온 '20년 고정으로 시중 금리보다 마이너스 1.5퍼센트 우대금리 적용'이라는 설명만 믿고 금융기관을 선택하는 것이 아닐까.

물론 나도 처음에는 그런 것이 있는지 몰랐는데, 지인이 주택대출금리도 얼마든지 교섭이 가능하다고 가르쳐주어 알게 되었다. 그 이후 주택대출을 받을 때는 실력 있는 공인회계사에게 조언을 구해 금융기관에서 몇 퍼센트의 금리로 얼마나 빌릴 수 있는지, 앞당겨서 중도상환할 때 수수료를 무료로 해줄 수 있는지 등을 묻게 되었다.

그렇게 주요 은행기관 중에서 네 곳을 추려 조건이 좋은 한 곳으로 결정했다. 그때에 굉장히 놀란 것은 네 곳의 은행이 제시하는 융자액, 이자 등의 조건이 각기 다르다는 것이었다. 아마도 여신에 대한 생각 차이에서 오는 것이겠지만, 최고 융자액이 1.5배나 차이가 났을 정도다.

중요한 것은 지금부터다. 집 우편함에 꽂혀 있는 금융기관의 전단지를 보고 계약일로부터 2년이 지난 어느 날 거래은행에 무심코 전화를 걸어 '다른 은행에서 더 낮은 금리를 제시하는데 그곳의 금리를 조금 낮출 수 없는가?'라고 물었다.

그랬더니 은행에서는 중도상환하는 것이 싫었는지 2년 전 계약할 당시 '10년 고정'이라던 금리를 낮춰주겠다는 제안을 해왔다. 기존보다 0.9퍼센트가 낮은데다 11년째부터 다시 내려가는 변동금리를 제시받았다.

주택대출금리의 경우에는 근무처에 따라서 할인되는 경우도 있고, 경리나 재무 부문에 근무하는 사람만 혜택을 보는 할인도 있다. 검토할수록 이득을 볼 수 있는 여지가 있는 것이다.

주택대출은
사실 교섭의 여지가 있다.

제 6 장

직장인 사춘기가 찾아올 때,
흔들리는 마음을 잡기 위해
할 일

이타심을
가져라

45

이타심은 글자 그대로 이기심의 반대어다. 장애인 고용비율이 70퍼센트에 이르는 초크 제조사 일본이화학공업의 오야마 야스히로(大山泰弘) 회장은 자신이 쓴 《이타를 권함》에서 다음과 같이 이야기하고 있다.

'다른 사람에게 힘이 되는 것, 즉 '이타'만이 행복하게 사는 기본 원리입니다. 얼핏 자기 희생처럼 보일지 모릅니다. 그러나 그 반대입니다. 오히려 다른 사람을 도움으로써 행복을 느낍니다. (중략) '나는, 나는' 하고 자기중심적으로 살아가는 것보다 훨씬 강하게 살아갈 수 있습니다.'

경제적으로 고도성장기를 끝내고 성숙사회로 접어든 지금은 보다 나은 사회를 만들기 위하여 '나는 무엇을 할 수 있는가'를 생각해야 하는 시대가 되었다.

물론 돈을 버는 것도 중요하다. 하지만 지금은 독불장군처럼 살아가는 시대가 아니다. 나만 좋으면 된다는 발상으로는 막다른 길에 다다를 뿐이라고 인생 선배들은 조언한다.

자신만을 생각하는 사람은 상대를 이용하는 것만 생각하기 때문에 순조롭게 살아갈 수 없다. 돈은 좇을수록 멀리 달아나는데 그것은 자신이 이기적이기 때문이다. 반대로, 좋은 일을 하면 돈은 그 뒤를 따라오는데 그것은 이타심이 싹트기 때문이다.

20대는 수습기간이라 생각하는 사람이 많아 자신에게만 열중해도 어느 정도 허용되는 부분이 있다. 그러나 30대는 다르다. 30대는 현역 선수로서 최고 성장기다. 사회는 30대에게 지금까지 축적해온 능력을 발휘하여 성과를 이루고 공헌할 것을 요구해온다. 여기서 이기적인 인간과 이타적인 인간은 인생에 있어 큰 차이를 낳는다.

차이를 부르는 키워드는 '응원'과 '지원'이다. 이타적인 사람은 사람들에게 늘 도움을 주기 때문에 위기가 닥쳤을 때 어떠한 난관도 극복할 수 있다. 인덕을 매일 차곡차곡 쌓아올리는 것이 이타적인 사람의 공통점이다. 한편 이기적인 사람은 잘나가고 있을 때는 모르지만, 그렇지 못할 때는 이해관계로 모인 인간관계가 썰물처럼 떠나가버려 곁에는 아무도 남지 않게 된다.

이기적인 삶은 잠깐 동안에는 어떻게든 살아갈 수 있지만, 장기적으로 보면 역시 버틸 수 없다고 인생 선배들은 말한다. 물론 파종기인 20대는 이타적인 삶보다 자기 중심적인 삶에 어쩔 수 없이 무게가 실린다. 그러나 서른을 넘기면 삶의 무게를 서서히 이타로 옮겨가야 한다. 마흔에 접어들면 이미 인물 평가가 굳어진 상태라 어떠한 일이 있더라도 30대에는 이타적인 삶으로 전환해야 한다.

결국 자신을 이롭게 하는 이타심

내게도 30대에 전환점이 있었다. 특히 영업이라는 일을 통해서 'GIVE AND GIVE'나 'FOR YOU'의 정신을 갖췄다. 일본의 전래동화 〈짚대 부자(행운이 따르는 부자)〉의 주인공이 지푸라기를 우연히 주워 결국 큰 부자가 되었다는 이야기처럼 이타적인 사고나 행동이 돌고 돌아 결국에는 자신을 이롭게 한다는 것을 피부로 느꼈다.

그리고 나 역시 멘토와 선배들의 두터운 지원에 힘입어 여기까지 왔기에, 어딘가에서 후배들에게 되돌려주고 싶다. 그래서 소매를 걷어붙이고 돕는다는 표현대로 내가 받아온 은혜를 후배들에게 돌려주기 위해 행동해왔다. 진로 고민을 상담해주거나 이직을 돕고 출판을 원할 때는 내가 아는 출판 관계자를 소개시켜주었다.

솔직히 10~20대 무렵까지 나 자신은 스스로를 그리 운이 따르지 않는 사람이라 생각했다. 그런데 30대 이후에 인생 역전의 기회를 잡을 수 있었다. 그 운은 전적으로 사람들이 가져다준 것이다. 사람들은 내게 창업할 계기, 새로운 일을 할 기회, 큰일을 계획할 기회, 위기 극복을 위한 도움을 주었다.

먼저 도와달라고 한 번도 말해본 적이 없지만 사람들은 대가도 바라지 않고 내게 도움의 손길을 내밀어주었다. 그런 까닭에 이타심에 운이나 반보성(심리학 용어로, 사람은 누구나 타인이 자신에게 어떤 은혜를 베풀었으면 비슷한 형태로 답례를 해야 한다는 강박관념을 가진다-역주)의 법칙이 있음을 발견한 것인지도 모른다. 이타심이 좋은 평판을 낳는 것은 분명하고 그 평판이 상승기류로 자신을 더욱 높여준다는 것을 실감했다. 서른이 되었다면 이타심에 무게를 싣자. 결과적으로 그것이 인생을 호전시킬 기회를 낳는다.

이기심은 장기적으로 득이 되지 않는다.
이타심이 인생을 더 높이 끌어올려준다.

46

타인의 의견을 들어라

'다른 사람의 말을 따를까? 아니면 내 생각을 믿을까?' 현재의 40~50대는 둘 중에서 어느 쪽을 더 후회할까? 지금 20~30대는 이 부분이 궁금할 것 같다. 이 질문을 1만 명에게 설문조사한 결과에 따르면 타인의 의견을 들어야만 했다고 후회하는 사람이 50퍼센트, 양쪽 모두 후회하지 않는 사람이 30퍼센트, 듣지 말았어야 했다고 후회하는 사람이 20퍼센트의 비율이었다.

이 비율은 경영자, 자영업자, 샐러리맨 등 직업에 따라 달라지기도 하지만 그보다는 성격적인 요인이 크다. 그렇다면 여기서 과반수를 차지한 '타인의 의견을 좀 더 들었어야 했다'고 답한 사람들의 이야기를 들어보자.

부모의 잔소리에는 인생 법칙이 녹아 있다

30대가 되면 어느 정도 경험이 쌓여 스스로 주위 환경을 조절할 수 있게 되면서 서서히 타인의 의견에 귀 기울이지 않게 된다. 이 과정에서 독단적으로 일을 처리한 것을 후회한 인생 선배들이 많았다. 그중에서도 부모님의 이야기를 듣지 않은 것을 가장 많이 후회했다.

실제로 잔소리라고 생각했던 어머니의 의견이 오랜 경험에서 나온 조언이었다는 것을 자신이 부모가 되어서야 겨우 이해한다. 20~30대에는 아버지와의 대화가 많이 부족한데, 뒤늦게 '아버지의 의견을 좀 더 들어야 했다', '좀 더 허심탄회하게 이야기를 나눴어야 했다'며 후회하는 남성이 많다. 살아온 시대가 달라 아버지의 말씀을 '고리타분한 의견'이라 생각할 수 있다. 하지만 오랜 세월 일해온 아버지의 조언은 가장 귀중한 경험담으로 귀 기울일 만하다. 거기서 보편적인 후회나 인생의 법칙을 발견할 수도 있기 때문이다.

일단 듣고 스스로 판단하라

때로는 의견을 구할 주변 사람이 있다는 것 자체가 행운이다. 마음을 열고 타인의 의견을 주의 깊게 듣자. 하지만 앞의 통계에서 20퍼센트의 사람이 '타인의 의견을 듣지 말았어야 했다'고 답한 사실도 기억해두자. 이는 스스로 판단하는 과정이 더 중요하다는 의미로 파악할 수 있다.

타인의 의견에 귀를 기울이든 그렇지 않든 중요한 것은 결국 자기 판단이다. 판단하고 행동한 결과가 예상과 다르다면 30대에는 얼마든지 만회하기 위한 조치를 취할 수 있다. 스스로 판단하고 결정한 일의 실패는 인생에서 오답을 골라내는 과정과 같다.

그 때문에 타인의 의견을 들었든 그렇지 않았든 결국에는 스스로 판단했는가가 무엇보다 중요하다. 스스로 납득하고 전진할 것. 거기서 다음으로 나아가는 힌트를 발견할 수 있다.

타인의 의견에 귀 기울일 것인가는
어디까지나 자신의 판단으로.

47

나이듦을 좀 더 진지하게 의식하라

30대는 현역으로 바삐 일하느라 순식간에 지나가버리는 시기지만, 사실 큰 병을 앓거나 병으로 목숨을 잃는 경우도 적지 않다.

나의 누나도 39세에 유방암 초기라는 진단을 받고, 적출수술을 받은 이후에 항암 치료를 받고 있다. 초기 암이기 때문에 온존요법(溫存療法)을 택할 수도 있었지만, 먼저 유방암을 앓고 있던 고교 동창생이 온존요법을 받다가 세상을 떠났다는 말을 들었기에 누나는 적출수술을 선택했다.

누나의 죽은 동창생은 고교시절 최고 미인으로 아나운서로 활약하다 결혼을 얼마 남겨두지 않은 시기에 암에 걸렸다. 암치료를 계속 했지만 결국 재발하여 30대 초반에 세상을 떠난 것이다. 그 외에 30대에 위암, 뇌종양으로 세상을 떠난 지인, 자궁근종이나 암으로 개복수술을 받은 사례도 많다. 나의 아버지도 41세에 세상을 떠났다. 그렇기에 나는 한창 의욕적으로 일할 시기에 인생이 끝나면 얼마나 공허하고 비참한지를 뼛속 깊이 잘 알고 있었다.

건강을 잃으면 모든 것을 잃는다

기력이나 체력이 뒷받침되지 않으면 아무것도 할 수 없다. 30대에 건강의 중요성을 가볍게 여기고 무리하다가 건강을 잃고 후회하는 사람이 매우 많다. 서른을 넘기면 20대 때만큼 밤새워 일하는 게 힘들다고 말하는 사람이 늘어난다. 이처럼 체력은 자신이 예상하는 것보다 일찍 고갈될 수 있다. 지금으로서는 이런 상황을 좀처럼 예상하기 힘들겠지만 건강은 건강할 때 지킨다는 생각으로 미리 대비해야 한다.

인생 선배들은 체력과 기력이 쇠약해진 것을 분명히 느끼고 있었다. 하고자 하는 일을 실현시키기 위해, 장차 풍요로운 인생을 살아가기 위해, 30대에 본격적으로 건강을 관리할 필요가 있다.

정기적인 운동도 중요하지만, '식사'와 '수면'이 더 문제다. 외식으로 끼니를 해결하면 고칼로리, 고염분의 음식을 주로 먹게 되어 몸에도 나쁜 영향을 미친다. 귀찮고 번거롭더라도 직접 밥을 짓고, 채소 반찬 위주로 집에서 식사를 하도록 한다.

식재료는 가능한 한 유기농을 선택하고 발암성 물질이 들어간 식재료는 피하는 등 세심하게 신경 쓴다. 더불어 산지를 확인하고 제철에 난 맛있는 채소나 과일을 먹는 식생활의 지혜가 중요하다. 생활습관은 쌓이고 쌓여 어느 날 갑자기 심각한 문제를 일으키기 때문에 30대에는 식생활 개선을 꾀하도록 하자.

수면시간도 건강에 지대한 영향을 미친다. 수면시간은 개인차가 커서 4시간만 자더라도 문제가 없는 사람이 있는가 하면 무슨 일이 있어도 8시간 이상 잠을 자야 하는 사람이 있다.

30대에는 극심한 스트레스로 수면장애가 생기거나 수면제를 복용하지 않으면 잠들지 못하는 불면증이 생기기도 한다. 그대로 방치하지 말고 심각한 경우에는 조기에 병원을 찾아가 상담을 받아보는 것이 좋다. 우리 몸은 자신이 생각하는 것만큼 튼튼하지 않다. 특히 30대 후반에 기력을 잃고 쓰러지지 않도록 의식적으로 건강에 신경 써야 한다.

하고 싶은 일을 실현하기 위해서라도
몸을 자본으로 의식한다.

프롤로그에서 말하였듯이 30대는 현실을 아는 나이기도 하다. 또한 비슷한 학교를 나와도 능력의 차이로 직장 내에서 직위나 연봉에 서열이 생기고, 출세 여부도 구체적으로 눈에 보이기 시작한다.

동기와의 경쟁은 물론 후배와의 싸움에도 노출되어 우열을 가리게 된다. 자신이 키운 신입에게 추월당하다 못해, 어느 순간 자신이 그의 조직에서 부하가 되는 현상까지 벌어진다. 이런 현실 앞에 태연할 수 있는 직장인은 아마 단 한 명도 없을 것이다.

이상과 현실의 간극을 경험하며 자연히 조직 내에서 자신의

미래가 어떠할지 보이고, 그로 인해 조금씩 무기력해지거나 의욕
을 잃기도 한다.

30대는 얼마든지 새로 시작할 수 있다

30대는 현실의 문제에 직면하는 가혹한 시기다. 그래서 어떤
마음을 먹고 어려운 현실을 돌파하는가에 따라 후회의 크기가 달
라진다. 보통은 본인이 의도하지 않더라도 조직 안에서 미래가
빤히 보이면 의욕을 잃는다. 의욕을 잃으면 호기심도 사라진다.

스스로에 대한 자신감이 없어지고, 그런 자신의 인생을 사랑
하지 못하면 어느 사이엔가 사람은 세상에 무관심해진다. 그러면
재기하는 것조차 불가능해진다. 30대는 얼마든지 새로 시작할
수 있는 때이기에 여기서 끝내는 것은 안타깝다. 그럴 때 익숙하
고 안정된 것에 안주하려는 마음이 드는데, 이런 마음을 경계해
야 한다. 사람은 스스로 추구하지 않으면 아무것도 손에 넣을 수
없다. 마냥 기다리기만 해서는 진정 가치 있는 것을 손에 넣을 수
없다.

인생을 콩닥콩닥 뛰게 만드는 원동력은 끊이지 않는 호기심이
다. 자신의 실력 따위는 괘념치 말고 다양한 세계에 고개를 들이
미는 것이 30대에는 중요하다.

가슴에 품은 꿈을 실현시켜라

'내 실력은 이만큼이니 애초 이 일은 포기한다'라며 자신을 과소평가하거나 스스로의 능력에 선을 그어서는 안 된다. 인간은 자신이 가진 역량 이상으로 행동하면 자연히 이전보다 더 큰 역량을 가진 사람으로 성장할 수 있다.

성공한 CEO나 고수익 기업을 벤치마킹해보는 것은 어떨까? 신에쓰 화학공업의 가나가와 치히로(金川千尋) 전 사장은 36세에 극동물산(현 미쓰이 물산)에서 신에쓰 화학공업으로 옮겼다. 그는 그로부터 8년 뒤에 해외사업본부장으로 승진한다. 패스트 리테일링의 야나이 다다시 사장은 35세에 유니클로 1호점을 히로시마에 열었는데, 그 1호점이 성공했던 것은 아니다.

가나가와 사장이나 야나이 사장은 지금이야 널리 알려진 인물이지만 그들도 30대 무렵에는 일개 직장인과 지방 옷가게의 주인에 불과했다. 그런 그들을 현재까지 이끌어온 원동력은 호기심이 아니었을까.

인생 최대의 성장기인 30대에는 작은 세계에서 뛰쳐나와 큰 세계로 도전하는 것이 무엇보다 중요하다. 30대에 도전한 사람과 도전하지 않은 사람의 차이는 40대 이후에 여실히 나타난다. 나는 인생 선배들로부터 귀가 따갑도록 그에 대한 후회나 불평, 질투의 이야기를 들어왔기에 타산지석으로 삼아 새로운 사업에 도전했다.

30대는 지금까지 쌓아온 실력이 갖춰져 있는 만큼 머릿속에 그린 꿈을 이루기 쉽다. 20대에는 그림의 떡처럼 보였던 것도 30대가 되면 꿈을 실현시킬 수 있는 방법이 선명히 눈에 보인다. 따라서 이 시기에는 더 넓은 세상으로 나아가기 위한 도전을 해야만 한다.

스스로 한계를 설정하지 말고
다양한 세상에 관심을 가져라.

49

두들겨 맞아도 버틸 힘을 키워라

오늘날 30대를 둘러싼 업무 환경은 스트레스로 가득하고, 이러한 상황은 날로 심화되고 있다. 복잡하고 까다로워지는 상관의 요구사항에, 다양한 사람들과 관계하면서 진행하는 프로젝트에, 정작 인원수는 적고, 게다가 단기간에 저예산으로 실현시켜야 하는 고난이도의 일만 과제로 떨어진다.

그 현장에서 리더로 일해야 하는 30대에게는 '꺾이지 않는 뚝심'이 반드시 필요하다. 그러나 실제로는 스트레스에 짓눌려 중도 포기하는 사람, 그 정도까지는 아닐지라도 심한 스트레스로 갖가지 질병에 걸리는 사람이 적지 않다. 인생 선배들은 그런 스트레스에 대한 내성을 키우지 못한 것을 많이 후회하고 있었다.

스트레스는 어디서 오는가

스트레스에 짓눌려 쓰러지지 않으려면 어떻게 해야 할까? 스트레스를 받을수록 내성이 생긴다고 말하던 회사 선배들이 목을 매 자살하거나 알코올 중독증에 걸려 병원에 입원하는 사례를 봐왔기에 솔직히 나는 스트레스 내성에 대해서 조금 회의적이다.

물론 역경을 무릅쓰고 한층 성장한 자신을 만드는 노력은 필요하다. 하지만 앞서 말한 대로 외부 압력에 굴하지 않는 스트레스 내성을 높이는 것이 자신을 성장시키는 최선의 방법은 아니다. 스트레스에 짓눌리지 않으려면 처음부터 스트레스를 받지 않는 환경을 만들어야 한다. 그러려면 업무에 관한 실무능력과 재능을 키우는 수밖에 없다.

아무리 스트레스 내성이 강해도 그것을 훨씬 뛰어넘는 스트레스에 계속적으로 노출되면 그 사람의 마음은 무너질 수밖에 없다. 게다가 마음은 더욱 강하게 단련하겠다고 해서 간단히 단련할 수 있는 성질의 것도 아니다.

문제를 얼마나 잘 해결할지 생각하라

신입사원이던 내게 영업을 가르쳐주었던 스승은 목을 매 자살했다. 역경을 이겨내는 능력은 물론, 스트레스 내성도 강한 사람이었다. 그러나 과중한 업무 스트레스에 책임감, 딜레마, 회사에 대한 불신, 희망의 상실이 더해지면서 정신적으로 큰 어려움을 겪었다.

그래서 나는 어떻게 스트레스 내성을 단련할지를 생각하는 것보다 역경에 굴하지 않고 문제를 수습하는 방법을 익히는 것이 현실적으로 더 큰 도움이 될 거라 생각한다.

스트레스 내성이나 역경을 극복하는 용기는 달리 말하면 문제해결능력이다. 정신적으로 강해지라는 것이 아니라 문제를 얼마나 잘 해결할 수 있는지를 생각하라는 것이다. 고민하는 것이 아니라 대답에 이르도록 구체적으로 생각해야 한다. 문제를 가능한 한 작게 쪼개어 판단할 수 있는 크기로 만들어 대응하는 것이 중요하다.

스트레스로 고민하지 않기 위해서는 스트레스를 뛰어넘는 능력을 키우는 것이 최선이다. 도망치지 말고 정면에서 신속한 해결 방법을 모색하고 최대한 빨리 문제의 원인을 없애야 한다. 역경을 이겨내는 강인한 사람이라는 평가는 신속하게 문제를 해결하는 행동을 보일 때 받을 수 있다. 필요한 것은 역경을 극복하는 용기나 스트레스 내성이 아니라 '문제를 해결하는 능력'이다.

50

세상의 눈을 너무 의식하지 마라

체면이라는 측면에서 생각하면 30대의 최고 사건은 역시 이직과 결혼일 것이다. 그러나 일이나 회사를 체면으로 선택하는 시대는 이미 끝났다.

30대는 자신의 진정한 힘으로 승부를 내는 시기다. 따라서 주위에서 자신을 어떻게 생각하는가보다 자신의 실력으로 생존하는 방법을 먼저 생각하지 않는다면 훗날 반드시 후회한다.

남들 이목이나 체면을 생각하면 미쓰이, 미쓰비시, 스미토모라는 재벌계 기업이나 몇몇 유명기업이 취업하기 좋다. 이성 친구를 소개받아도 20대에는 일류기업에 다니고 있다는 이유만으로 상대가 잘 보이려 할테니까. 인기를 한몸에 받아 기쁠 것이다. 그러나 서른을 넘기면 달라진다. 신흥기업이나 중소기업에 다니는 사람이 월급을 더 많이 받기도 하고 무엇보다 일하는 보람을 더 느끼기도 한다. 신흥기업이나 중소기업이 커리어를 쌓는데 오히려 플러스로 작용하기도 한다.

오늘날 일류기업에서 과장이 될 수 있는 확률은 20퍼센트로 나머지 80퍼센트는 과장조차 되지 못하고 남은 직장생활을 나이 어린 상사 밑에서 보내게 된다.

게다가 '일류기업에서 살아남았으면……' 하는 절박한 심정도 더 이상 통용되지 않는 시대다. 종신고용이 붕괴된 지금 인건비에 비하여 공헌도가 낮은 직원은 관계 회사로 좌천되거나 임원정년, 조기정년제, 구조조정 등의 제도로 더욱 설 자리를 잃어간다. 40대 이후의 커리어 플랜을 생각하지 않고 체면만 의식하여 30대에 조직에 안주해버리면 곧 후회가 밀려오게 된다.

자기 인생을 살아라

분명 평판이 좋은 회사나 직함이라는 것은 존재한다. 명함도 보이지 않았는데 상대의 얼굴빛이 달라진다거나 그 회사에 소속되어 있는 것만으로 사회적 신용을 손에 넣을 수 있다. 그리고 많은 사람들이 그것을 자신의 능력인 양 착각한다.

결혼도 마찬가지다. 체면을 의식하면 무심코 상대의 진면목보다 몸을 명품으로 얼마나 치장했는지를 평가 기준으로 삼게 된다. 일본인은 특히 옛날부터 자신이 어떻게 하고 싶은가보다 주위에 어떻게 보이는가를 강하게 의식하는 경향이 있다.

인생을 좌우하는 결단이 집중되어 있는 30대에 체면을 선택할 것인지, 아니면 자신의 생각에 따라 살 것인지는 큰 고민이 된다. 지금은 자신의 인생을 얼마나 주도적으로 충실하게 사느냐가 중요한 가치로 떠오르는 시대다. 체면을 생각하면 주위 사람들이 얼마나 자신의 인생을 인정해주는지가 중요하게 느껴지기도 한다. 하지만 이런 태도는 자기 인생을 타인에게 의지하는 것이나 다름없다. 내 인생을 수시로 변하는 타인의 생각에 맡기기에는 삶의 리스크가 너무 크지 않을까?

1만 명에 이르는 사람들의 이야기를 들어봐도, 인생의 기로에서 '체면이냐, 자신의 의지냐'를 두고 망설였을 때 체면을 택한 쪽이 훨씬 많이 자신의 선택을 후회했다.

원래 본인의 의지가 없다면 문제될 것도 없을 것이다. 하지만 자신의 생각에 자신감을 갖지 못하고 결국 체면을 선택한 인생 선배들은 '세상의 이목'을 지나치게 의식했던 자신의 판단을 후회하고 있다.

진지하게 어떤 인생을 살지 결심하라

이직할 때 업무 내용이나 업무에 대한 애정보다 회사 간판을 더 중요하게 여기는 사람은 옮긴 회사에서 오래 버티지 못한다. 결혼에 있어서도 남성이 다니는 회사만 믿고 결혼한 여성은 그 후 결혼생활에 실망하게 되는 경우가 많았다.

체면을 지나치게 의식하면 큰 모험을 할 수도 없다. 위험을 끌어안은 도전 자체를 세상의 이목은 쉽게 이해해주지 않기 때문이다. 그러나 30대는 자기 실력으로 몇 번이고 되풀이하여 승부하지 않으면 안 되는 시기다. 체면 때문에 겁먹는다면 어떤 성과도 내놓을 수 없다.

아무 생각 없이 조직에 안주하고 진검승부하지 않은 사람들, 진검승부에서 도망친 사람들은 40대가 되면 발전하지 못한 정체된 인생을 원망한다.

20대에 그들의 후회담을 통해 가르침을 얻을 수 있었던 나는 정말 행운아다. 리크루트에서 영업자로 일하던 시절에 만난 경영자의 대부분은 20대에 준비하여 30대에 승부를 봤다. 30대에 승부하는 것이 중요하다. 인생이란 20대에 씨앗을 뿌리고, 30대에 키우고, 40대에 수확하는 것이다. 내게 있어서 인생은 20대에 싸울 무기를 손에 넣고, 30대에 그 무기로 진검승부를 벌이며 칼솜씨를 키우고 전적을 쌓아, 40대에 수확하고 후세를 키워 반듯한 토대를 만드는 것이었다.

30대에 만난 한 어른이 잡담 중에 "오쓰카 군, 20대에 힘을 키워 30대에 승부를 보지 않으면 나처럼 돼"라고 말했는데, 그 말이 내가 굳은 다짐을 하게 된 결정적인 계기였다. 그리고 그런 인생만큼은 절대 되지 않겠다고 진지하게 생각했다.

나는 20대에 영업력이라는 무기를 선택하여 리크루트에서 법인 영업 분야의 실적을 충분히 쌓았다. 그러고 나서 MBA 유학을 거쳐 법인 영업의 체계화 및 비주얼화에 성공하여 그 무기를 가지고 30대에 회사를 설립했다.

MBA 유학을 마치고 귀국했을 때는 어머니로부터 이름 없는 회사로는 가지 말라는 말을 들었지만 사실은 전혀 취직할 마음이 없었다. 체면을 생각하면 취직하는 편이 훨씬 안전한 선택이었을지도 모른다. 그러나 나는 진정한 실력으로 전적을 쌓고 진검승부를 하겠다고 결심했다. 32세에 창업하고 운 좋게 다음에는 그런대로 목표한 매출액을 달성했지만, 실제로 개척한 영토에서 수확을 거둘 수 있었던 것은 40대를 넘기면서부터였다. 그러나 준비한 것은 모두 30대였다.

지금도 천만다행이라 여기는 것은 회사 설립의 성패 여부가 아니라 그때 도전하길 잘했다는 것이다. 만일 그때 체면에 휘둘렸다면 후회는 걷잡을 수 없이 커졌을 것이다.

중요한 것은 승부에서 이기는 것보다 먼저 승부에 도전하는
것이다. 후회하지 않는 인생을 보내기 위해서는 끊임없이 도전해
야 한다.

30대는 세상의 이목에 신경 쓰기보다
자신의 실력으로 몇 번이고 승부하는 시기다.

인생은 도박이 아니라
선택의 결과다

30대는 타고난 기질과 학습, 경험을 토대로 획득한 능력을 최대한으로 발휘하여 자신을 성장시키는 시기다. 그것이 지금껏 1만 명의 인생 선배들로부터 가르침을 구하고 얻은 결론이다. 나는 30대를 어떻게 보내느냐에 따라 인생이 완전히 달라질 수 있다는 걸 직접 경험한 사람으로서 그들의 가르침이 결코 틀리지 않았다고 단언할 수 있다.

본문에서도 다뤘지만 나는 너무도 한심한 10~20대를 보냈다. 지망했던 고등학교나 대학에 들어가지 못했고, 취직한 회사도 희망하는 곳이 아니었다. 20대까지는 설익은 인생을 보냈다. 4년제 대학을 6년 만에 졸업하고, 유학 준비에 2년 반이 걸리고, 유학으로 2년이라는 세월을 보내느라 도합 6년 반이나 다른 사람보다 뒤처져 있었다. 한마디로 말해, 멀리 돌아온 인생이었다. 그대로 아무것도 이루지 못했다면 내 인생은 단순히 사회부적응자로 끝났을 것이다.

그 멀리 돌아온 6년 반이라는 세월 동안에 나는 엄청난 시간과 돈을 썼다. 30대부터는 직선코스로 맹렬히 달려 낭비한 시간과 돈을 몇 배로 만회하려고 했다. 그러지 않으면 이미 흘러가버린 6년 반을 더 이상 투자라고 말할 수 없었기 때문이다.

그로부터 20년이라는 세월이 흘러 현재 쉰 살을 코앞에 두고 있다. 인생 선배들이 들려준 뼈아픈 후회에 귀를 기울이고, 전철을 밟지 않기 위하여 부단히 노력한 결과 지금의 자리에 섰다. 그들의 생생한 인생 교훈이 끈기 없는 나 같은 사람을 이만큼 성공할 수 있도록 도와준 것이다.

40대의 마지막 여름휴가는 유학 시절 자주 방문했던 라스베이거스에서 보냈다. 목적은 아이에게 그랜드캐니언과 태양의 서커스 〈O〉를 보여주기 위해서였다. 개인적으로는 30대 초에 체험했던 라스베이거스 여행과 40대 마지막에 하는 여행의 간극을 실감하고 싶었다.

과거의 여행과 결정적으로 다른 것은 과거에는 친구와 함께였지만 지금은 가족과 함께한다는 점이다. 여행의 목적 자체가 내 개인의 즐거움에서 아내와 아이들의 즐거움으로 옮겨갔다. 나는 이미 그랜드캐니언을 예닐곱 번 방문했기 때문에 처음에 느꼈던 감동을 다시 맛볼 수 없지만, 아이들은 평생 잊을 수 없는 강렬한 감동을 경험했을 것이다.

머무는 동안 호텔 수영장에 앉아 과거를 돌이켜보았다. 당시 20대였던 나는 '좋아하는 일을 하면서 자유롭게 살아갈 만큼 돈을 벌 수 있다면 얼마나 행복할까?' 하고 막연히 생각했다. 그리고 그러한 인생을 실현하기 위해 20대에 씨앗을 뿌리고, 최선을 다해 살았다.

30대에는 20대의 투자가 결실을 맺을 수 있게 10년 동안 힘껏 가속 페달을 밟았다. 그 결과 20대에 꿈에 그리던 자유로운 생활을 40대에 손에 넣을 수 있었다.

'꿈이 절실하면 반드시 이루어진다.' 이 말이 성공론을 다룬 책 속에만 존재하는 것이 아니라 일상 속에 있다는 것을 뼈저리게 느꼈다. 이런 나의 마음이 여러분에게 그대로 전달되기를 바란다.

우리는 단순히 먹고 자기 위해 태어난 것이 아니다. 게다가 지금의 현실은 반경 몇 킬로미터에 그치는 세상에만 관심을 갖고 살아가도 될 만큼 만만하지 않다. 글로벌 경제 위기는 더이상 남의 나라 얘기가 아니다. 하물며 정치나 국가가 힘이 되어줄 것 같지도 않다.

누구에게도 기댈 수 없고 미래 역시 녹록치 않다면 자기 스스로 미래를 개척하는 것이 가장 확실한 생존법이 아닐까? 행복하게 살아가기 위해 비용이 든다면 그에 맞는 직선코스를 선택하여 내달려 보자.

단 한 번뿐인 인생이다. 타인이나 속설, 사회 통념에 흔들리지 말고 스스로 자유롭게 인생을 설계하고 반드시 실현시키자. 인생은 도박이 아니라 스스로 키워가는 것이다.

30대는 씨앗을 키우고 꿈을 키우는 시기다. 여러분의 30대와 인생이 결실로 가득하기를 바란다. 꿈은 반드시 이루어지는 것이기에 클수록 좋다. 눈앞의 일만 보고 자신의 경험으로만 판단하면 도저히 이루어질 것 같지 않지만, 30대의 10년이라는 세월은 당신이 생각한 것 이상으로 사람을 성장시킨다.

물론 나 역시 30대에는 꿈이 이뤄질 것이라고는 생각하지 못했다. 그러나 인생 선배들의 후회담에 귀 기울이고 내가 할 수 있는 일을 취사선택하여 실행한 결과 꿈이 이루어졌다.

말로는 '그저 운이 좋았을 뿐'이라 말하지만 속내는 다르다. 1만 명의 인생 선배들의 후회, 인생을 살아온 모습을 보고 들으면서 '나는 저렇게 되지 말아야지' 하는 교훈을 얻었기에 가능했다.

이 책에는 여러분이 후회하지 않는 인생을 살기 위해 앞으로 10년 동안 해야 할 일들을 담았다. 당장 자신의 삶에 적용하면 좋은 것을 선택하여 실천으로 옮겨보자.

여러분의 큰 꿈이 이뤄지기를 1만 명 중 한 사람으로서 기원한다.

2011년 8월 라스베이거스에서

인생의 **격차**는
30대에 만들어진다

펴낸날 초판 1쇄 2012년 12월 5일 ㅣ 초판 2쇄 2013년 1월 25일

지은이 오쓰카 히사시
옮긴이 박재현

펴낸이 임호준
이사 이동혁
편집장 김소중
책임 편집 김영혜 ㅣ **편집** 윤은숙 장재순 나정애 권지숙
디자인 이지선 왕윤경 ㅣ **마케팅** 강진수 이유빈 김찬완
경영지원 김의준 나은혜 박석호 ㅣ **e-비즈** 표형원 공명식 최승진

펴낸곳 북클라우드ㅣ **발행처** ㈜헬스조선 ㅣ **출판등록** 제2-4324호 2006년 1월 12일
주소 서울특별시 중구 태평로1가 61 ㅣ **전화** (02) 724-7639 ㅣ **팩스** (02) 722-9339

ⓒ 오쓰카 히사시, 2012

ISBN 978-89-93357-92-9 03320